数学
与
法律
的科学化

何柏生 著

山东人民出版社·济南
国家一级出版社 全国百佳图书出版单位

图书在版编目（CIP）数据

数学与法律的科学化 / 何柏生著. -- 济南 ： 山东
人民出版社，2024.12. -- ISBN 978-7-209-15501-4

Ⅰ. D90

中国国家版本馆 CIP 数据核字第 2024WK5322 号

责任编辑：李怀德
封面设计：王园园

数学与法律的科学化
SHUXUE YU FALU DE KEXUEHUA

何柏生　著

主管单位　山东出版传媒股份有限公司
出版发行　山东人民出版社
出 版 人　胡长青
社　　址　济南市市中区舜耕路517号
邮　　编　250003
电　　话　总编室（0531）82098914
　　　　　市场部（0531）82098027
网　　址　http：//www.sd-book.com.cn
印　　装　山东道克图文快印有限公司
经　　销　新华书店

规　　格　16开(169mm×239mm)
印　　张　12.25
字　　数　185千字
版　　次　2024年12月第1版
印　　次　2024年12月第1次
ISBN 978-7-209-15501-4
定　　价　42.00元

如有印装质量问题，请与出版社总编室联系调换。

目　录

导　言

马克思说："一种科学只有在成功地运用数学时，才算达到了真正完善的地步。"① 这就是说，数学与科学密不可分，尤其是在近现代社会中。法律要成为科学，或者说要提高法律的科学化程度，就必须从数学中汲取营养。近现代的科学家、哲学家试图按照数学的范式建立科学，采用数学语言以构建科学理论。数学的真正本质在于，它是科学的通用语言和认识方法。由于数学的影响所造成的高度抽象成为现代科学的重要特征。数学化永远是推动科学取得进步的方法之一（另一种为实验和观察方法）。科学史家大都把数学化视作近现代科学的主导因素。数学化不仅是近代科学诸特征中最突出的特征，数学化从本质上也规定着近代科学的特征。知道了近代科学的数学化特征，就意味着在从事法学研究中，要使法律更加科学化，就必须更多地运用数学方法。

数学对法律的科学化的影响可以说历史悠久，从古代就已开始，但大规模的影响应该说是近现代，尤其是在 19、20 世纪。

在国外，运用数学方法研究法律问题的学者也不少，有些从事的是跨学科研究。如 G. 拜尔等人的著作《法律的博弈分析》，汉斯·采泽尔等人的著作《用数字证明——法律和诉讼中的实证方法》，马修·辛德曼的著作《数字民主的迷思》，博格、弗拉尼根的著作《美国选举行为史》，等等。有些著作

①　[法] 保尔·拉法格著：《忆马克思》，中共中央马克思恩格斯列宁斯大林著作编译局编：《回忆马克思》，人民出版社 2005 年版，第 191 页。

虽然属于经济学、政治学或其他学科的著作，但也涉及法律问题。如经济学家肯尼思·阿罗的著作《社会选择与个人价值》就采用数学的公理化方法对通行的投票选举方式能否保证产生出合乎大多数人意愿的领导者问题进行了研究。政治学家、博弈论专家罗伯特·阿克塞尔罗德的著作《合作的进化》深入地研究了囚徒困境问题，而囚徒困境问题与刑法、诉讼法、产权等法律问题有关。罗尔斯的著作《正义论》也用博弈论研究正义问题。①

我国一些学者已开始用数学方法从事法学研究，如刑法学家白建军、赵廷光，民商法学家王利明、屈茂辉、吴汉东、申卫星、彭诚信、梅夏英、程啸、韩旭至，诉讼法学家左卫民、胡铭，法理学家马长山、季卫东、熊继宁、彭中礼、胡凌、郑戈等。另外，陈志武、张维迎等经济学家运用数学方法研究法律经济学，发表过一批论文，出版过专著。这些学者如王利明、马长山、季卫东、白建军、屈茂辉、熊继宁、彭中礼、胡凌、郑戈、胡铭、韩旭至等人在用数学方法研究法律问题上已有专著或系列论文。

研究数学与法律的科学化问题，就目前来说，国内外系统地进行研究的学者尚未发现，但就某一领域进行研究者却不少。上述学者的研究在一定程度上都涉及数学与法律的科学化问题。

在国内外，运用定量方法研究法学的学者最多。无论是自然界，还是人类社会，本质上都存在着量的内涵，数不过是这种量的外部表征而已。科学的一项重要任务就是把它提取出来，进一步加以研究。计量方法的研究对象，不是个别的个体行为，而是整体的群体行为和社会行为。它通过大量的资料统计、分析和研究，探寻法律发展变化的深层次原因。白建军的著作《刑法规律与量刑实践——刑法现象的大样本考察》，屈茂辉的论文《论计量方法在

① ［美］道格拉斯·G. 拜尔等著：《法律的博弈分析》，严旭阳译，法律出版社 1999 年版；［美］汉斯·采泽尔等著：《用数字证明——法律和诉讼中的实证方法》，黄向阳译，中国人民大学出版社 2008 年版；［美］马修·辛德曼著：《数字民主的迷思》，唐杰译，中国政法大学出版社 2015 年版；［美］博格，弗拉尼根著：《美国选举活动史》（The History of Behavior），普林斯顿出版社 1961 年版；［美］肯尼思·J. 阿罗著：《社会选择与个人价值》（第 3 版），丁建峰译，格致出版社、上海三联书店、上海人民出版社 2020 年版；［美］罗伯特·阿克塞尔罗德著：《合作的进化》（修订版），吴坚忠译，上海人民出版社 2016 年版；［美］罗尔斯著：《正义论》（修订版），何怀宏等译，中国社会科学出版社 2009 年版；等等。

法学研究中的运用》等系列论文，陈志武等人的论文《清代中国的量化评估——从命案发生率看社会变迁史》①，都采用量化方法进行法学研究。

博弈论是研究具有竞争性质现象的数学理论和方法。许多法律问题也具有竞争性，需要进行对策研究，所以，在法学研究中，许多学者都采用博弈论研究法律问题。如朱江南等人的论文《严刑能遏制腐败吗？——以中国为例的博弈论分析》，唐正祥的论文《社会危害评价的博弈分析》，郑高键的论文《博弈分析视角下行贿犯罪构成要件之结构性完善》②等论文，都采用博弈论研究法律问题。

系统论、信息论、控制论是具有综合特性的横向科学，沟通了自然科学和社会的联系，改变了科学发展的图景和人们的思维方式。控制论创立伊始，罗伯特·维纳把控制论原理与法制系统研究有机地结合起来，表述了其对法律控制原理的认识。在中国，运用"三论"研究法学从 20 世纪 80 年代至今一直不断，著名人物有熊继宁、吴世宦、季卫东、齐海滨、常远等人，主要著述有熊继宁的《系统法学导论》，吴世宦的《法治系统工程学》，季卫东、齐海滨的《系统论方法在法学研究中的应用及其局限——兼论法学方法论问题》，张维迎的《信息、信任与法律》③，等等。

模糊数学是由美国科学家札德于 1965 年创立的一门新兴学科，是研究和处理模糊性现象的一种数学理论和方法。模糊性数学最重要的应用领域应是

① 白建军著：《刑法规律与量刑实践：刑法现象的大样本考察》，北京大学出版社 2011 年版；屈茂辉等：《论计量方法在法学研究中的运用》，《浙江社会科学》2009 年第 3 期；陈志武等：《清代中国的量化评估——从命案发生率看社会变迁史》，《量化历史研究》2014 年第 1 期。

② 朱江南等：《严刑能遏制腐败吗？——以中国为例的博弈论分析》，《经济社会体制比较》2013 年第 2 期；唐正祥：《社会危害评价的博弈分析》，《贵州警官职业学院学报》2016 年第 3 期；郑高键：《博弈分析视角下行贿犯罪构成要件之结构性完善》，《政法论坛》2014 年第 3 期。

③ 熊继宁著：《系统法学导论》，知识产权出版社 2006 年版；吴世宦著：《法治系统工程学》，湖南人民出版社 1988 年版；季卫东、齐海滨：《系统论方法在法学研究中的应用及其局限——兼论法学方法论问题》，《中国社会科学》1987 年第 1 期；张维迎著：《信息、信任与法律》，生活·读书·新知三联书店 2006 年版；等等。顺便提一下，前总理李克强年轻时也从"三论"角度研究过法学，发表过《关于法治系统控制过程的探讨》（《潜科学》1981 年第 4 期）和《法律工作的计算机化》（《法学杂志》1983 年第 3 期，与龚祥瑞合写）等论文。另外，常远（常旭东）、马深（马新学）等人在西北政法学院上学期间 1981—1985，创办学生刊物《探讨：跨学科法治系统研究杂志》，发表了大量研究"三论"的法学论文。

计算机智能，它已经被用于专家系统和知识工程等方面。邓建煦等人的《模糊数学在环境污染案件审理中的应用》，陈云良的《法的模糊性之探析》，曹飞的《法经济学定量分析的回顾与探索——一个模糊数学与灰色理论分析维度》，巩富文等人的《行政法作用之定量评价探讨——运用模糊数学综合评价方法的尝试》① 等论文，都用模糊数学研究法学理论。

在目前，由于法学界研究者大多对数学比较陌生，运用复杂、高深的数学方法研究法学难度较大。但采用人工智能、大数据、数学建模、公理化方法、函数、线性规划、计算机模拟方法等数学方法研究法学的学者渐渐多起来，如于志刚、于冲的《数学建模在毒品犯罪评价与治理中的效用探析》，郭武的《当法律遇上函数——法学研究中的函数思维刍议》② 等论文，在这方面作了探索。

目前的学界，采用数学方法从事法学研究的学者越来越多，但系统的著作还不多，尤其从数学角度研究法律科学化问题的专著更是空缺。如何使法律更加科学化是法学研究的一个永恒课题，因为法律的科学化意味着制定的法律更加符合客观规律，更加具有合理性，更加人性化，这样的法律会被人们自觉遵守。

现今我国制定的法律有许多还够不上科学，其中一个重要原因在于制定法律时没能采用数学方法。比如定量分析、大数据分析、公理化方法、系统论、博弈论等数学方法对于提高法律的科学性就非常有用。

本书以数学在法律的科学化进程中所起作用为研究对象，目的在于使法律在数学影响下更加科学化。本书重点研究的问题是：（1）量化方法是法学研究中采用的最常见的数学方法，是法学走向科学的重要步骤。大数据预示

① 邓建煦等：《模糊数学在环境污染案件审理中的应用》，《中国社会科学》1983 年第 5 期；陈云良：《法的模糊性之探析》，《法学评论》2002 年第 1 期；曹飞：《法经济学定量分析的回顾与探索——一个模糊数学与灰色理论分析维度》，《山西财经大学学报》（高等教育版）2009 年第 4 期；巩富文等：《行政法作用之定量评价探讨——运用模糊数学综合评价方法的尝试》，《西北大学学报》（哲学社会科学版）2006 年第 5 期。
② 于志刚、于冲：《数学建模在毒品犯罪评价与治理中的效用探析》，《中国人民公安大学学报》（社会科学版）2013 年第 6 期；郭武：《当法律遇上函数——法学研究中的函数思维刍议》，《甘肃社会科学》2015 年第 6 期。

着一切皆可量化，如何采用量化方法研究更多的法律问题，无疑是重点需要把握的。（2）法律如何数学化。数学虽然非常重要，但不是万能的，不是所有法律问题都能用数学方法解决。事实上，目前能用数学方法解决的法律问题非常少，应尝试扩大解决范围。在经济学、哲学领域，采用公理化方法研究问题已经相当普遍，但法学领域还不够多，法学研究者应在这方面多加努力，从而使法学更加科学化、体系化。我们知道，经济学采用数学方法从而形成许多定理，法学能否做到？如果做不到，原因何在？应在这方面进行深入的研究。

我们应该清楚，数学是推进法律科学化的极其重要的驱动力，法学研究者应更多地采用数学方法研究法律问题，使法学成果更具客观性。要重视法律中的数字，因为数字是解释法律现象的重要组成因素。要学会设计出利用现存数据的最有效方法，生成新的数据，揭示更深层次的隐信息。要学会运用公理化方法，创建新的法学理论，使法学理论体系更加严密。要提升法律的科学性，就必须更多地采用数学方法从事法学研究，使研究成果具有更多的客观性。目前法学界主要采用定量分析法、博弈论、人工智能、系统论、模糊数学等数学方法研究法学，这显然是不够的。尤其是当研究资料不足时，采用一些较复杂的数学方法进行研究就很有必要，可弥补资料的不足。

从以往许多法学流派产生的过程可以得出结论，要想创立新的法学流派，必须重视数学的因素。大数据时代预示着一切皆可量化，也就是说，用数学方法研究法律问题必将成为一股强大的洪流。要重视法律中数字的意义，既要重视那些直接可以计量的东西，更要寻找那些间接可以计量的东西，而后者方能把研究引向深入。要大量引用经济学、史学、哲学、社会学等学科的研究方法，吸取这些学科数学化过程中的经验，使法律的数学化健康成长，不出现失误。

第一章
数学方法能否证明法律问题

在法学界，越来越多的学者在研究法学的过程中注重数学方法的运用。在 20 世纪八九十年代，法学界注重数学方法的学者虽然有但人数并不多。进入 21 世纪，运用数学方法研究法学的人越来越多，具体体现为实证方法的广泛运用。近几年，从人工智能角度研究法学的著述非常多，几乎法学的各个分支学科都有体现，使法学的数学化向前大大迈进了一步。

用数学方法研究法学无疑提高了法学的科学性，使法律"科学"变得更加名副其实。不过，如同自然科学那样，能否运用数学方法证明法学或法律问题，这是许多学者关心并曾探讨过的问题。本章主要研究这一问题，使法学界同仁对数学方法有更深入的认识。

一、数学对法学学科影响等级分析

马克思曾说："一种科学只有成功地运用数学时，才算达到了真正完善的地步。"① 康德也说过与此内容相近的话："在任何特定的理论中，只有其中

---

① ［法］保尔·拉法格：《忆马克思》，载［法］保尔·拉法格等：《回忆马克思恩格斯》，人民出版社 1957 年版，第 73 页。1996 年诺贝尔经济学奖获得者莫里斯认为，虽然不能认定谁是最早应用数学的经济学家，但马克思肯定是先驱者之一。马克思在《资本论》中就曾运用数学方法研究经济问题。参见郭广迪：《马克思与经济学数学化——从相传马克思的一句话谈起》，《华南师范大学学报（社会科学版）》2012 年第 4 期，第 108 页。

包含数学的部分才是真正的科学。"① 马克思和康德都是哲学家，也精通数学，所以，他们对数学的认识是有"哲学眼光"的，值得重视。从哲学家口中说出这样的话，与从数学家口中说出，内涵是不一样的。黑格尔曾说："正像一句格言，从年轻人（即使他对这句格言理解得完全正确）的口中说出来时，总是没有那种在饱经风霜的成年人的智慧中所具有的意义和广袤性，后者能够表达出这句格言所包含的内容的全部力量。"② 一门学科，想成为科学，就必须让数学参与学科建设，成功运用数学方法，建立学科体系，进行严密的理论论证。法学被称为科学，邀请数学参与学科建设，进行理论论证是题中应有之义。

数学对各个学科的影响其深度和广度是不相同的。对有些学科影响深且范围广，如物理、化学、经济学，对有些学科影响浅且范围窄，如法学。学者汤姆森（M. Thompson）把数学对各个学科的影响差异分为四个等级：第一级是数据和信息的搜集；第二级是科学原理和经验定律的定量表述；第三级是数学模型的表述、研究和证实；第四级是用数学模型来获得科学洞察力。③

在这四个等级内，可以说，数学对物理学、化学、生物等学科都有广泛的影响。在人文社会科学内，数学的影响往往限于某些等级，很少涉及全部四个等级；因为演绎法是数学的基本方法，科学家利用数学并不仅仅用于计算，或把数据资料组织起来，而是为了概念的构造，用演绎法推导出未知的定理，把世界的真实面貌展示出来。历史上，"数学化使科学理论形成一个统一的整体或严谨的公理体系，从中往往能够推出意想不到的定律或结论（比如由电磁场方程预言电磁波，从狭义相对论导出质能关系式，基于相对论性电子方程断定正电子的存在），从而洞察实在的深层秘密"。④ 所以，第四级，

① 转引自［美］M. 克莱因著：《数学：确定性的丧失》，李宏魁译，湖南科学技术出版社1997年版，第42页。

② 转引自冯友兰著：《中国哲学史新编》（第1册），人民出版社1982年版，第21页。转引自［苏联］列宁著：《哲学笔记》，人民出版社1956年版，第87页。

③ 参见［美］汤姆森（Maynard Thompson）：《科学中的数学化》，刘定一译，《世界科学》1985年第8期，第51-53页。

④ 李醒民著：《科学论：科学的三维世界》（下卷），中国人民大学出版社2010年版，第734页。

在人文社科领域内，数学对其基本不会产生影响。即便是数学对之影响极深的经济学，在预测上也基本无能为力；① 否则，就不会出现许多讽刺经济学家预测能力的笑话。

在法学领域内，利用搜集到的数据和信息进行法学研究是非常普遍的，尤其是近一二十年。在大数据时代，数据和信息的获取都非常容易，利用获取的数据和信息进行定量分析很常见。许多采用实证方法研究问题的论文都属于第一级，如苏力的论文《从法学著述引证看中国法学——中国法学研究现状考察之二》，左卫民的论文《地方法院庭审实质化改革实证研究》，熊谋林的论文《三十年中国法学研究方法回顾——基于中外顶级法学期刊引证文献的统计比较（2001—2011）》，屈茂辉的论文《基于裁判文书的法学实证研究之审视》，白建军的论文《中国民众刑法偏好研究》，等等。② 在法学界，采用第一级研究方法的论著越来越多，形成滚滚潮流。法学界不少学者已注意到这种现象，并对之进行学理研究，如程金华的论文《当代中国的法律实证研究》，左卫民的论文《一场新的范式革命？——解读中国法律实证研究》，陈柏峰的论文《法律实证研究的兴起与分化》，赵骏的论文《中国法律实证研究的回归与超越》，等等。③

"所谓法律实证研究，本质上是一种以数据分析为中心的经验性法学研究。详言之，就是以法律实践的经验现象作为关注点，通过收集、整理、分

---

① 美国经济学家保罗·克鲁格曼曾说："正是在危机时刻，当实践经验突然被证明无用且事件超出任何人的正常经验时，我们需要（经济学）教授用他们的模型来指明前进的道路。但当那一刻真正到来时，我们（经济学家们）却失败了。"参见阎志鹏：《经济学专家的预测能力到底如何？》，《上海证券报》2018年8月21日，第8版。

② 苏力：《从法学著述引证看中国法学——中国法学研究现状考察之二》，《中国法学》2003年第2期；左卫民：《地方法院庭审实质化改革实证研究》，《中国社会科学》2018年第6期；熊谋林：《三十年中国法学研究方法回顾——基于中外顶级法学期刊引证文献的统计比较（2001—2011）》，《政法论坛》2014年第3期；屈茂辉：《基于裁判文书的法学实证研究之审视》，《现代法学》2020年第3期；白建军：《中国民众刑法偏好研究》，《中国社会科学》2017年第1期。

③ 程金华：《当代中国的法律实证研究》，《中国法学》2015年第6期；左卫民：《一场新的范式革命？——解读中国法律实证研究》，《清华法学》2017年第3期；陈柏峰：《法律实证研究的兴起与分化》，《中国法学》2018年第3期；赵骏：《中国法律实证研究的回归与超越》，《政法论坛》2013年第2期。

析和运用数据，特别是尝试应用统计学的方法进行相关研究的范式。"① 在法律实证研究方法兴起之前，法学界的研究方法主要采用法教义学以及社科法学。法教义学、社科法学的研究方法虽然对推动我国法学发展起过重要作用，但法律实证研究方法优点是法教义学、社科法学无法替代的，它是法学向科学迈进的重要一步。因为法律实证研究方法内含着数学方法，而数学是引导诸学科走向科学的最重要的牵引力。数学化意味着科学化，哪门学科数学化程度高，意味着哪门学科科学化程度高。

程金华曾对我国 21 种法学核心期刊和 10 种法学扩展版来源期刊以及《中国社会科学》杂志从 1979 年到 2015 年发表的题目含有"实证"一词的论文进行检索，得到 573 篇论文。发现在 1990 年前，573 篇论文中只有 3 篇论文题目含有"实证"二字，1991—1995 年有 2 篇，1996—2000 年有 13 篇，2000—2005 年有 45 篇，2006—2010 年有 205 篇，2011—2015 年有 305 篇。② 不难看出，采用实证研究方法的研究人员在我国法学界越来越多，这意味着数学对我国法学研究的影响越来越大。尽管我国学者对"实证"的理解不尽一致，有的认为"实证"分析就是定量分析，有些认为"实证"分析除了含有定量分析外，还包括定性分析；但不管怎样，"实证"中缺少不了定量分析，缺少不了数学方法的影响。也就是说，数学在第一级，即在搜集数据和信息并对之进行分析上对法学的影响已经非常普遍。

那么，数学在第二级、第三级和第四级上对法学或法律有无影响？

数学分为两类：一类是算的问题，典型算的问题是解方程；一类是证的问题，即证明定理。③ 在自然科学诸学科中，用数学方法论证某个问题司空见惯。如果在某个学科中，定理不够多，显示这个学科的发展还不够成熟，还需要不断开拓发展。但在社会科学中，除了个别学科，如经济学等学科外，其他学科中定理很少，法学就属于这样的学科。

---

① 左卫民：《一场新的范式革命？——解读中国法律实证研究》，《清华法学》2017 年第 3 期，第 45 页。

② 参见程金华：《当代中国的法律实证研究》，《中国法学》2015 年第 6 期，第 64-65 页。

③ 参见胡作玄著：《数学与社会》，大连理工大学出版社 2008 年版，第 19-22 页。

应当说，经过长期的实践检验公认为正确的命题叫作公理，而用推理的方法判断为真的命题叫作定理。也就是说，公理不需要演绎证明，而定理需要演绎证明，用推理的方法得出结论。演绎法是数学最基本的方法，所以，运用推理最典型的学科是数学。亚里士多德的形式逻辑虽然是研究推理的，但其形式逻辑是在数学的基础上发展而来，与数学的演绎法密不可分。① 数学方法能否证明法律问题，其意义在于能否用推理的方法或者演绎法证明法律问题。在回答这个问题之前，我们先研究能否用数学方法证明其他社会问题。

二、用数学方法论证哲学社会科学问题

这里所说的"社会问题"是指人类社会出现的问题，是相对于自然界存在的问题而言的。用数学方法论证社会问题已有悠久的历史，早在古希腊时期，毕达哥拉斯提出"万物皆数"命题，就意味着用数学方法论证自然、社会的一切问题。老子的"一生二，二生三，三生万物"也有用数学或者说用神秘数字论证自然、社会一切问题的意味。

美国数学家韦尔德（R. L. Wilder）曾说："我们不要忘记，所谓证明，不只在不同的文化有不同的含义，就连在不同的时代也有不同的含义。"② 从中外数学史可以看出，不同的文化，数学证明的方法是不同的。巴比伦、埃及、印度和中国这四大文明古国都有自己的数学，但证明方法不是完全一样的。尤其是古希腊的数学，证明方法与四大文明古国更不一样。四大文明古国的数学是经验数学，而古希腊的数学是演绎数学，证明方法相差甚大。现代数学普遍采用的证明方法是在古希腊发展起来的演绎数学，最经典的证明方法是公理化方法，在欧几里得的《几何原本》中体现得最为典型。

《几何原本》有 5 个公理、5 个公设，书中全部的 465 个定理是在公理、公设的基础上推导出来的。由于《几何原本》体系严密，推导由简入繁，层

---

① 参见何柏生著：《法律文化的数学解释》，商务印书馆 2015 年版，第 209-228 页。
② 转引自萧文强著：《数学证明》，大连理工大学出版社 2008 年版，第 6 页。

层深入，取得了巨大成功，所以，《几何原本》所采用的公理化方法就成为数学证明的基本方法，不但影响了数学，而且影响了人类的思维方式。科学大家如阿基米德、牛顿、爱因斯坦的主要著作都采用的是公理化方法，而且社会科学领域的大家如笛卡尔、霍布斯、孟德斯鸠、斯宾诺莎、莱布尼茨、马尔萨斯的著作或思想体系的论证过程都曾采用过公理化方法。

历史上，哲学家斯宾诺莎曾在其著作《伦理学》中运用数学方法证明哲学、法学、政治学、伦理学等问题。斯宾诺莎只活了 44 岁，但撰写《伦理学》一书却断断续续地用了 14 年时间。《伦理学》集斯宾诺莎思想之大成，是他的哲学体系系统、全面的体现。《伦理学》一书共分五部分：第一部分"论神"；第二部分"论心灵的性质和起源"；第三部分"论情感的起源和性质"；第四部分"论人的奴役或情感的力量"；第五部分"论理智的力量或人的自由"。① 从全书的五部分来看，内容不限于伦理学，还涉及哲学的本体论、认识论方面的内容。从哲学史来看，该书的最大特点是用数学的公理化方法论证哲学问题、伦理学问题。斯宾诺莎认为，"只有像几何学一样，凭理性的能力从最初几个由直观获得的定义和公理推论出来的知识，才是最可靠的知识，因此，他写作《伦理学》时，就把人的思想、情感、欲望等等也当作几何学上的点、线、面一样来研究，先提出定义和公理，然后加以证明，进而作出绎理"。② 运用公理化方法首先要确定公理。在《伦理学》一书之前，斯宾诺莎就曾在《笛卡尔哲学原理》一书中采用公理化方法。但在斯宾诺莎的所有著作中，《伦理学》是影响最大的，而且也是采用公理化方法最著名的著作。

《伦理学》一书由 27 个界说、22 个公则（公理）和 259 个命题构成一个完整的哲学体系。可以说，自然科学著作采用公理化方法是很多的，如《几何原本》《自然科学的数学原理》，但社会科学著作完全采用公理化方法构筑理论体系，理论论证完全建立在公理化方法基础之上，《伦理学》可谓具有开

---

① 参见 [荷] 斯宾诺莎著：《伦理学》，贺麟译，商务印书馆 1983 年版第 2 版，"目录"。
② [荷] 斯宾诺莎著：《伦理学》，贺麟译，商务印书馆 1983 年版第 2 版，"出版说明"。

创性。《伦理学》一书在哲学史上如此出名除了内容的独创外，与采用公理化方法这种论证方法有着极大的关系。霍布斯的《利维坦》、孟德斯鸠的《论法的精神》等著作采用公理化方法，只是其书的体系或者某一部分，不像《伦理学》一书的整个体系以及每一章节的论证过程都采用公理化方法。正因为如此，学者对它的评价才非常高。哲学家叶秀山说："表面上看，《伦理学》的论述方式是非常古老的，它几乎完全模仿几何学的方法，先有一批'公则'，每一个'公则'下都有简短'证明'；然后有许多'命题'，'命题'下不但有'证明'，'证明'下还有一些'附释'，形式上是很刻板的，现代的人读起来会有枯燥之感。逐渐地，我从他那枯燥的'证明'过程中，体会出一些意思来了，觉得形式虽然刻板，但内容还是很过得硬的。只要你静下心来认真读，就会觉得他用'证明'的方法把哲学—形而上学的命题'推导'出来，显得是那样的坚定不移，要想反驳它，倒也是很不容易的。哲学不能舍弃'论证—证明'，这本是古代希腊为欧洲哲学奠定的基础，基于一种确定性的寻求和追根寻源的精神，比起那种重'感悟'的方法来说，各有长处。在读斯宾诺莎的《伦理学》时，我们深深感到他那种把'证明—推理'方式运用到哲学问题上以求笛卡儿所谓的'清楚明了'的'知识'的努力，的确取得了成果；在这个意义上也可以说，斯宾诺莎是把自托马斯以来对于'神—实体'的'证明—论证'的确向明晰化、坚实化方面'推进'了一大步。所以，不管你同意他的观点—结论与否，要想在他的'推理'过程中去'动摇'这个过程，却是不大容易的。"①

当代我国学者也有采用公理化方法构筑自己的理论体系的，如北京大学哲学系的王海明教授。在其专著《新伦理学》中就曾运用公理化方法推导出全书的内容。《新伦理学》是一部洋洋百万字的巨著。② 在这本书中，王海明教授认为由三个命题所组成的一个道德价值推导公式可以推导出伦理学的全

---

① 叶秀山：《斯宾诺莎哲学的历史意义——再读〈伦理学〉》，《江苏行政学院学报》2001 年第1 期，第 5 页。

② 王海明教授的新伦理学著作先后有几个版本，内容大同小异。参见王海明著：《新伦理学》，商务印书馆 2001 年版；王海明著：《新伦理学》（修订版，上中下），商务印书馆 2008 年版；王海明著：《新伦理学原理》，商务印书馆 2017 年版。

部内容。这三个命题是：前提1：道德目的，亦即道德终极标准如何（命题1）；前提2：伦理行为事实如何的客观本性（命题2）；结论：伦理行为应该如何的优良道德规范（命题3）。该书的上卷《元伦理学：优良道德之制定方法》中的基本问题就是"应该与事实"的关系，其全部内容可归结为对于这个公式的确证。该书的中卷《规范伦理学：优良道德之制定》上中下三篇分别是对于构成这个公式的三个命题的确证。下卷《美德之伦理学：优良道德之实现》内容是对于如何实现这个公式的结论"伦理行为应该如何的优良道德规范"的研究。①

王海明教授认为，伦理学虽然也采用公理化体系推导其全部内容，但与几何学、代数、力学的公理化体系不完全相同。几何学的全部命题是从若干公理直接推出，或通过定理间接推出；而伦理学的全部命题是由公理间接推出的，由公理直接推出的是构成伦理学全部内容的各个部分。这是伦理学公理化体系的不足之处，因为它的公理化体系只是部分精密。但王海明教授却认为这恰恰是伦理学公理化体系比几何学、代数公理化体系优越之处，因为伦理学公理化体系具有绝对的完全性，任何伦理学的命题都无法逃出该体系。就构成公理化体系的每个命题来说，数学当然要比伦理学精密，但就公理化体系自身来说，伦理学反而比数学精密。②

从历史来看，采用公理化体系的学科最多的当然是自然科学，尤其是数学、物理。在人文社科领域，最多的要数伦理学，"自霍布斯、笛卡尔以来，先后有斯宾诺莎、休谟、爱尔维修、边沁、摩尔、罗尔斯等划时代大师，一直倡导伦理学的公理化或几何学化、科学化"。③ 为什么会有这么多的学者倡导伦理学的公理化呢？因为"人的行为应该如何的道德规范虽然都是人制定的、约定的，但是，只有那些恶劣的道德规范才可以随意制定、约定。反之，优良的道德规范决非可以随意制定，而只能通过社会制定道德的目的、亦即

---

① 参见王海明著：《伦理学方法》，商务印书馆2003年版，"自序"第1—2页；王海明：《伦理学：可以公理化的科学》，《光明日报》2003年8月26日，第11版。
② 参见王海明著：《伦理学方法》，商务印书馆2003年版，第164—166页。
③ 王海明著：《伦理学方法》，商务印书馆2003年版，"自序"第5页。

道德终极标准,从人的行为事实如何的客观本性中推导、制定出来;所制定的行为应该如何的道德规范之优劣,直接说来,取决于对行为应该如何的道德价值判断之真假;根本说来,则一方面取决于对行为事实如何的认识之真假,另一方面取决于对道德目的的认识之真假。这就是'是与应该'的关系之真谛,这就是优良道德的推导和制定之方法,这就是可以推演出伦理学的全部内容、全部命题的伦理学的推导公理或公设。"①

除了伦理学外,在人文社科中,经济学、人口学是采用公理化体系比较多的学科。在经济学中,许多名著都采用公理化方法。如美国经济学家阿罗的名著《社会选择与个人价值》对"社会选择"问题采用公理化方法处理。1983 年诺贝尔经济学奖获得者,西方著名数理经济学家德布鲁的《价值理论:对经济均衡的公理分析》一书是现代数理经济学划时代的名作。德布鲁大学本科学的是数学,深受法国数学界布尔巴基学派的影响,而布尔巴基学派主张在数学中全面推行公理化方法。《价值理论:对经济均衡的公理分析》一书也采用了公理化方法。

《人口原理》是马尔萨斯的名著,该书的理论体系构成也采用了公理化方法。马尔萨斯提出两条公理,作为该书理论的出发点:第一条公理:食物为人类生存所必需;第二条公理:两性间的情欲是必然,且几乎会保持现状。马尔萨斯认为这两条公理是人类本性的固定法则,眼下神"仍按照固定法则操纵着世间的一切"。从这两条公理出发,马尔萨斯展开他的观点,认为"人口的增殖力无限大于为人类生产生活资料的能力。人口若不受到抑制,便会以几何比率增加,而生活资料却仅仅以算术比率增加。懂得一点算术的人都知道,同后者相比,前者的力量多么巨大。"② 《人口原理》第一章提出两条公理,并把全书的基本观点提出来,后面章节围绕基本观点展开详细的论述。

在哲学领域内,采用公理化方法构筑理论体系的学者也不少。笛卡尔就曾运用四个公理推导出其理论体系。③ 2011 年,牛津大学哲学、逻辑学教授

① 王海明:《伦理学:可以公理化的科学》,《光明日报》2003 年 8 月 26 日,第 11 版。
② [英] 马尔萨斯著:《人口原理》,朱泱等译,商务印书馆 1992 年版,第 6-7 页。
③ 何柏生著:《法律文化的数学解释》,商务印书馆 2015 年版,第 147-148 页。

沃尔克·哈尔巴赫出版了一本名为《真之公理化理论》的书，用公理化方法研究哲学的核心概念"真"。该书"将真视为一个不通过其他概念来定义的初始概念，通过一组公理与规则研究真的演绎系统，及其相关的结果"①。"公理化真理论（axioma tictheory of truth）"是哲学、逻辑学中的一种理论，兴起于 20 世纪 80 年代。它把"真"作为一个初始的谓词，"直接添加到一种基础理论（basetheory）的语言中，并以若干刻画真概念基本事实的语句作为公理，对基础理论进行扩充。这里所谓的基础理论是一种句法理论（syntactic theory），用于提供研究真概念所必需的精确而严格的形式语言"。② 沃尔克·哈尔巴赫教授是研究"公理化真理论"的著名学者，在国际一流刊物上发表了多篇相关论文，是目前国际学术界研究公理化真理论问题最活跃的哲学家之一。

我国一些学者对先秦儒家经典和老子学说进行公理化诠释，甘筱青教授带领团队已出版过这方面的专著，计有《〈论语〉的公理化诠释》《〈孟子〉的公理化诠释》《〈荀子〉的公理化诠释》《〈老子〉的公理化诠释》。③ 中国古代思想家的理论体系往往没有形式上的系统，但有实质上的系统。不过这种实质上的系统需要后人运用一定的方法仔细梳理，否则，理论上的实质上的系统也不易把握。传统的注疏、解经的方法主要关注点在于版本变迁、成书年代、时代价值、历史影响等问题上，而对理论体系的梳理较少。公理化方法则是一种科学方法，证明严格明晰，尤其对理论体系的探求是别的方法无法比拟的。所以，"用公理化方法研究《论语》，就是从《论语》本身，在明确界定'中庸、仁、义、礼、智、信、孝、德、政、君子'等核心概念的前提下，采用相应的基本假设、定义、公理形式，经过推导证明，获得一批反映孔子思想的客观性命题，从而将隐含在《论语》中的逻辑体系凸显出来，

① ［德］沃尔克·哈尔巴赫著：《真之公理化理论》，邵强进等译，科学出版社 2021 年版，见"内容简介"。

② 李娜、李晟：《公理化真理论研究新进展》，《哲学动态》2014 年第 9 期，第 91 页。

③ 甘筱青等著：《〈论语〉的公理化诠释》（修订版），江西人民出版社 2012 年版；甘筱青等著：《〈孟子〉的公理化诠释》，江西人民出版社 2014 年版；甘筱青等著：《〈荀子〉的公理化诠释》，江西人民出版社 2015 年版；甘筱青等著：《〈老子〉的公理化诠释》，江西人民出版社 2016 年版。

从而为理性地诠释《论语》中的孔子思想提供一条新的解读途径……"① 在《〈论语〉的公理化诠释》一书中，把"中庸"作为描述和建构孔子伦理思想体系的出发点，也就是把"中庸"作为全书公理，从而推导出孔子系统的思想理论体系。当然，为何要把"中庸"作为公理，作者作过论证："虽然《论语》直接提到'中庸'的地方并不多，但它无疑是全书的思想核心，对'仁''义''礼''智''信'等道德概念起到统领作用，并贯穿在最基本的道德要求和最高的道德境界之中。'中庸'也凝结了孔子以前的先民智慧。它体现了宇宙万物处于量变阶段时的运动发展规律，古人对此已经有很好的认识，而在漫长的历史中，它又被证明是把握事物、协调矛盾的正确方法。"② 而且，在"轴心时代"，世界许多文明的先哲都提出"适中""适度"这一德性伦理原则。所以，把"中庸"作为描述和建构孔子伦理思想体系的出发点，也便于文明对话，表明各文明在思维方式和价值观念上有相通之处。

确定了《论语》中孔子伦理思想体系的出发点，作者又给出了 6 条基本假设、17 条定义、7 条基本公理。依据这些假设、定义和公理，作者从《论语》中提炼出 119 个命题，进行推论，对之进行演绎证明。通过《论语》的公理化诠释，使孔子的思想内涵更加明晰，隐含在《论语》中的逻辑体系凸显出来，一些历史上众说纷纭的歧义也得到了澄清。③ 由于公理化方法是科学的方法，认同度高，通过公理化方法诠释的孔子学说，外国人尤其是西方人更易接受。

我国学者兰毅辉尝试用公理化方法推导出毛泽东思想的所有理论命题，建立起毛泽东思想公理化理论体系。兰毅辉认为实事求是、群众路线和独立自主是毛泽东思想的三大公理，因为这三大公理"体现了马克思主义的精神实质，是毛泽东思想的灵魂、精髓和核心，它们是贯穿于毛泽东思想各组成

① 甘筱青、李宁宁：《论语的系统分析与公理化阐述》，《系统科学学报》2013 年第 3 期，第 33 页。

② 甘筱青：《"〈论语〉的公理化诠释"的两个基础》，《九江学院学报》2011 年第 2 期，第 38 页。

③ 比如，《论语》中"民可使由之，不可使知之"这句话历来众说纷纭，没有统一的解释。但通过公理化诠释，能给出一个逻辑严密并可证明的命题，这样的解释较易获得认同。参见甘筱青、曹欢荣：《文明对话语境中的〈论语〉公理化诠释》，《江西社会科学》2014 年第 12 期，第 22-23 页。

部分、全部内容的立场、观点和方法，是我们党指导革命和建设所遵循的基本提前、基本原则与根本方法，是我们党领导革命建设战胜各种困难险阻，克服来自左和右错误的干扰，不断取得胜利的保证，是毛泽东思想最一般、最本质的规定"[①]。毛泽东思想的主要部分都可以通过三大公理推导出来，如"农村包围城市、最后夺取全国政权的新民主主义革命道路"就是如此。作者总结出毛泽东思想的公理化理论体系是：（1）基本概念：实际、理论、实践、群众、自己力量。（2）公理：实事求是、群众路线和独立自主。（3）毛泽东思想的基本革命理论命题：新民主主义革命理论，社会主义革命和建设理论，党的建设理论，思想政治工作和文化政治工作的理论，政策和策略的理论，以及革命军队建设和军事战略理论，等等。[②]

王海明在用公理化方法研究伦理学的同时，也研究政治学。他撰写的《国家学》一书，长达142万字，采用的研究方法也是公理化方法。该书由四个命题，推导出国家学全部的对象和内容。四个命题分别是各种国家制度事实如何（国家制度价值实体）、国家目的如何（国家制度价值标准）、各种国家制度应该如何（国家制度价值）和理想国家如何实现之条件。[③]

用公理化方法研究社会科学的论著还有许多，如杨浩的论文《图书馆学研究与公理化方法》，欧阳维诚的论文《编辑学研究与数学公理化》，徐俊杰的论文《论政治经济学的公理化》。[④]

总之，在社会科学领域，采用公理化方法的著述是比较多的，有些著作已经成为名著，影响巨大。所以，公理化方法不但在自然科学领域被广泛采用，而且在社会科学领域不断地扩大影响，甚至成为一些学科"研究的基本方法"，如经济学。

---

① 兰毅辉：《毛泽东思想公理化理论体系论纲》，《北京理工大学学报》（社会科学版）2007年第4期，第76页。

② 参见兰毅辉：《毛泽东思想公理化理论体系论纲》，《北京理工大学学报》（社会科学版）2007年第4期，第78页。

③ 参见王海明著：《国家学》（全3册），中国社会科学出版社2012年版，第7-8页。

④ 杨浩：《图书馆学研究与公理化方法》，《图书馆学研究》1988年第3期；徐俊杰：《论政治经济学的公理化》，《社会科学》1986年第12期；欧阳维诚：《编辑学研究与数学公理化》，《编辑学刊》1990年第4期。

三、几个著名数学定理对法学的影响

在法学界，精通数学的人非常少。而在经济学界，精通数学的人则特别多，许多经济学家就是著名的数学家，如冯·诺伊曼、纳什、费雪、阿罗，等等。利用数学方法对经济问题或社会问题进行证明，现在已经很普遍，如阿罗不可能性定理、哥德尔不完全性定理、纳什均衡理论。这些定理或理论，看似与法学无关，其实密切相连。所以，阿罗不可能性定理、哥德尔不完全性定理、纳什均衡理论都对法学有着深刻影响，从某些角度来说，这些定理也可看作从数学角度对法学问题的证明。

（一）阿罗不可能性定理对法学的影响

阿罗不可能性定理是诺贝尔经济学奖获得者肯尼斯·约瑟夫·阿罗（Kenneth J. Arrow）提出的。阿罗在纽约市立学院上大学，所学专业是数理统计学。在哥伦比亚大学获硕士学位，所学专业是统计学。以后，又在哥伦比亚大学获经济学博士学位。这就是说，阿罗既有高深的数学知识，又有专业的经济学理论，为他从数学角度研究经济学提供了条件。阿罗不可能性定理正是从数学角度证明经济学问题的重要成果。当然，阿罗不可能性定理不仅仅是经济学问题，还与政治学、法学、社会学、哲学等问题有关；因此，也可以说，阿罗用数学方法证明了法学问题。

阿罗不可能性定理研究的是社会选择理论。所谓"社会选择"，也称集体选择，是将"众多社会成员的个人偏好（利益）聚合为一个最终的社会偏好（利益）"①。所以，"社会选择理论研究的是偏好是如何聚合的，或者说，在一组偏好存在的前提下，如何将另一个偏好构建为个体偏好的共识"②，并根据偏好序列为公众提供公共消费的产品和服务，其中提供的公共产品和服务

---

① 聂智琪：《政治学视角下的社会选择理论：一个前提性的梳理》，《经济社会体制比较》2007年第4期，第92页。

② ［西］维森斯·拖拉著：《数学与决策——数学让你做决定》，吕红艳译，中信出版集团2020年版，第53页。

就包括法律政策。

社会选择问题由来已久，早在 18 世纪，学者已对之予以关注。法国启蒙运动时期最杰出的代表人物之一孔多塞就曾发现了"孔多塞效应"，亦即"投票悖论"，认为利用少数服从多数的投票机制，将不能产生一个令所有人满意的结论。当然，孔多塞也是数学家，在其名著《人类精神进步史表纲要》中，就曾运用数学方法论证社会问题。但孔多塞对投票问题并未用数学方法论证，把这个问题留给了阿罗。

除了孔多塞外，对社会选择问题进行过研究的学者还有博达、拉普拉斯、南森、高尔顿，特别是道哲生（C. L. Dodgson）。道哲生是数学家，以笔名刘易斯·卡罗尔（Lewis Carroll）出版过著名的小说《爱丽丝漫游奇境记》。道哲生有关社会选择问题的研究"指向一个重要的经验真理，在有关立法而不是选举的时候，这个真理尤其重要"①。

阿罗在《社会选择与个人价值》一书中，运用数学方法论证了投票问题，形成了著名的阿罗不可能性定理。阿罗研究的是"非市场"决策问题，他最初虽然是从经济学角度出发研究此问题的，但这个问题不限于经济学领域，因为法学领域、政治学领域、社会学领域等等领域也涉及这个问题。所以，只要把某些命题、关键词加以改动，变为法学的命题、关键词，阿罗不可能性定理就变为一个法学定理。

社会选择理论是公共选择理论的组成部分。美国著名的公共选择理论专家丹尼斯·C. 缪勒就持此观点，认为："我们可以把公共选择定义为是对非市场决策的经济学研究，或者简单地定义为是把经济学运用于政治科学的分析。就研究对象而言，公共选择无异于政治科学：国家理论，投票规则，选民行为，党派，官僚体制等等。然而，公共选择的方法论却是经济学的。"②当然，也有学者认为社会选择理论与公共选择理论是不同的，美国学者布坎

---

① ［美］肯尼斯·J. 阿罗著：《社会选择与个人价值》（第3版），丁建峰译，格致出版社、上海三联书店、上海人民出版社 2020 年版，第 111 页。

② ［美］丹尼斯·C. 缪勒著：《公共选择理论》，杨春学等译，中国社会科学出版社 1999 年版，第 4 页。

南就持此观点。本文认可丹尼斯·C.缪勒等学者的观点。

从 20 世纪 40 年代末 50 年代初以来，公共选择理论大师共有三位，即阿罗、布坎南（Buchanan）和森（Sen）。① 公共选择理论的分析方法虽然来源于经济学，但分析的对象却不是经济市场而是政治市场，在许多方面涉及法律问题。三位公共选择理论大师研究的问题都与法律问题有关，尤其是布坎南，撰写的著作如《赞同的计算：宪法民主的逻辑基础》《自由的限度》《宪法契约中的自由》，完全是法学著作。当然，是从经济学角度，从公共选择理论角度研究法学问题的。罗尔斯的名著《正义论》也是一本公共选择理论方面的书籍。这是一本政治学专著，但谁又说它不是一本法学专著呢？这些著作丰富了法学理论，使法学理论有了新的分析视角。这种法学研究方法就是中国法学界倡导的社科法学。"社科法学的阵营本身是多元化的，不同的研究群体和学说在性质、方法和理论上有差异，其理论抱负也未必完全一样。但是，其共同点是保持智识上的开放性，否认规范性研究作为法学研究的唯一正确出路。社科法学因此致力于增进法学领域认识、理解和处理法律问题的多样性，这意味着处理实际问题的方案也可以是多样性的，因此它增加了我们解决问题的可能性。"② 从公共选择理论角度研究法学，会使人们对法学问题的认识更加深入。

社会选择理论既然是公共选择理论的组成部分，那么社会选择理论就与政治科学密切相关，而政治科学与法律科学是密切联系的，如投票规则的制定就与宪法或选举法有关。正如英国社会学家布莱恩·特纳所说："好的理论必须介入到道德论题，与政治世界保持关联。"③ 社会选择理论或者公共选择理论就与政治问题密不可分。因此，阿罗不可能性定理研究的既是经济学问题，也是政治学问题、法学问题（当然还有伦理学问题）。站在布莱恩·特纳的立场上，阿罗不可能性定理就是一个好的理论，能分析许多学科的问题。

阿罗不可能性定理提出前，帕累托、庇古的理论在福利经济学界影响巨大。帕累托认为，社会的改革，在增加一部分人利益的情况下，又不损害他人的利益，这才是最优的，社会选择与个人选择在这种情况下才是一致的。

---

① 参见阮守武：《公共选择理论的方法与研究框架》，《经济问题探索》2009 年第 11 期，第 1 页。
② 王启梁：《中国需要社科法学吗》，《光明日报》2014 年 8 月 13 日第 16 版。
③ 转引自王启梁：《中国需要社科法学吗》，《光明日报》2014 年 8 月 13 日第 16 版。

经济领域的原理在政治、法律领域同样适用，都是集合个人的选择以形成社会选择，如立法在议会（我国是人大及其常委会）的通过过程就是如此。正常的议会表决，全体一致是极少的，所以，社会选择一般不会每个人都同意才能做出，而是由多数人的意志决定。在现代社会，社会选择与个人选择一致起来的原则就是少数服从多数。在我国，无论是政治生活还是法律生活，都遵从这一原则。这一原则为现代社会普遍接受。但阿罗却挑战这一原则，发现按少数服从多数原则所确立的社会选择并不反映多数人的意愿。阿罗这一结论是用数学方法推导证明的，其结论更具有说服力。可以说，阿罗不可能性定理震惊了世界。

阿罗不可能性定理是这样表述的：如果 X 中的事件个数不小于 3，那么不存在任何遵循原则 U、P、I、D 的社会福利函数。由阿罗不可能性定理可以得出两个推论（设事件个数≥3）：推论 1：遵循原则 U、P、I 的社会福利函数一定不遵循 D，即，它是独裁规则。推论 2：遵循原则 U、P、D 的社会福利函数一定不遵循独立性原则 I。

阿罗通过严密的数理逻辑推导证明，不可能存在任何一种社会选择方法，能同时满足如下五个条件，即无限制原则、一致性原则、独立性原则、非独裁原则和传递性原则。从个人偏好顺序出发，无法推导出反映多数人意愿的社会选择顺序，无法得到一个合乎自由民主要求的规则。不管怎么做，都要违背五个条件中的一个。① 这就是说，阿罗用数学方法证明了民主选举投票结果的不确定性，并且易于为人操纵，千百年来形成的少数服从多数的民主选

---

① 无限制原则是指任何人的表态不受限制，不能规定对某些人不允许其某种表态。一致性原则是指社会选择与个人选择应该是一致的，社会选择不能与个人选择相违背。人人都认为不好的事，社会也应该认为是不好的。独立性原则是指选择的方案不应该受到不相关的可选方案存在的影响。当人们在关于两件事进行讨论决策时，社会根据大家对两件事的态度就能决定，不必牵涉到其他事。倘若不做如此假设，选举结果就会受偶发事件的影响。如选举总统，总统候选人是三人，突然一候选人死去，对另外两个候选人的投票，不应该受死去候选人的影响。非独裁原则是指不能把个人的偏好当作社会偏好，社会选择不能依赖于一个人的偏好，不能不考虑别人的意见，不能一个人说了算。传递性原则是指对于任何偏好组合，如果社会偏好 a 胜于 b，b 胜于 c，则社会偏好 a 胜于 c。参见 ［美］肯尼斯·J. 阿罗著：《社会选择与个人价值》（第 3 版），丁建峰译，格致出版社、上海三联书店、上海人民出版社 2020 年版，第 3 版"序言"，第 26-35 页；史树中著：《数学与经济》，大连理工大学出版社 2008 年版，第 164-165 页；［西］维森斯·拖拉著：《数学与决策——数学让你做决定》，吕红艳译，中信出版集团 2020 年版，第 57-59 页；何正斌译著：《经济学 300 年》，湖南科学技术出版社 2010 年版，第 274-276 页。

举制度的正当性被阿罗摧毁了。倘若要求社会理性在逻辑上不能互相冲突，就必然会出现一个独裁者；倘若不要任何形式的独裁，做出来的社会选择则往往是非理性的。西方政治家、法学家向来炫耀的西方民主选举制度，经过阿罗的数学推导，竟然面目如此可憎，无法实现社会正义。不但绝对民主是不可能实现的，更让人惊悚的是，民主与独裁成为一对联体怪胎。无限制原则、一致性原则、独立性原则、非独裁原则和传递性原则是反映"民主原则"的数学公理，但把它们放在一起则引起互相冲突，互相矛盾。数学采用的基本推理方式是演绎推理，演绎推理其结论具有必然性。阿罗采用数学的演绎推理方式，得出了阿罗不可能性定理，西方的政治家、法学家在情感上对其结论虽然无法接受，但又无可奈何。如果说牛顿不仅仅是一位伟大的物理学家、数学家，而且是一位伟大的思想家，"启蒙运动之父"①，那么，我们说阿罗不但是一位伟大的经济学家，还是一位伟大的政治学家、法学家、社会学家。阿罗不可能性定理适用于经济学领域，还适用于政治学领域、法学领域、社会学领域，以及其他领域。一种理论适用面越广，它的作用就越大，阿罗不可能性定理就是这样一种理论。

阿罗在《社会选择与个人价值》（第 3 版）开首就提到："资本主义民主之下的社会选择，实质上有两种方法：投票，通常用于做出'政治'决策；市场机制，通常用于做出'经济'决策。当今应时而生的混合经济体制的民主政体，如英国、法国和斯堪的纳维亚诸国，也同样采用这两种方法，只不过，这些国家更加重视投票方法，以及直接或间接建立在投票机制而非价格机制之上的决策流程。"② 对于民主制度，我们以往更多关注的是政治民主、法律上的民主，而对经济民主忽视了。其实，政治民主、法律上的民主属于法律共同体研究的领域，经济民主也应属于，如股东民主就是公司得以形成独立意志的基石，对之进行研究既是经济学的重要内容，也是公司法不可缺

---

① ［美］詹姆斯·E. 麦克莱伦第三、哈罗德·多恩著：《世界史上的科学技术》，王鸣阳译，上海科技教育出版社 2003 年版，第 311 页。

② ［美］肯尼斯·J. 阿罗著：《社会选择与个人价值》（第 3 版），丁建峰译，格致出版社、上海三联书店、上海人民出版社 2020 年版，第 1 页。

少的组成部分。在现代社会，议会几乎在每个国家都有，只不过叫法不同。但现代议会制度在思想根源上不是来自古希腊、古罗马，而是来自中世纪。西方中世纪的行会、贸易公司，采用的就是间接民主的代议方式，把董事会作为权力的中心。在这种公司的权力分配制度影响下，产生了今天国家政治系统中的代议制。即便是美国的司法审查制度也来源于"英国采用公司模式进行殖民而产生的制度实践所造成的思维习惯"①。所以，阿罗研究的许多政治决策和经济决策都与法律密不可分，也可算法律的组成部分。

（二）哥德尔不完全性定理对法学的影响

哥德尔不完全性定理（有人译为哥德尔不完备性定理）是奥地利学者（后加入美籍）哥德尔创立的。由于创立了哥德尔不完全性定理，哥德尔被称为20世纪最伟大的数学家之一，其在逻辑上的贡献仅次于亚里士多德。② 哥德尔毕业于维也纳大学，先学物理，后主攻数学。1931年，年仅25岁的哥德尔发表了一篇题为《论〈数学原理〉及有关系统的形式之不可判定命题》论文。该文"既推翻了数学的所有领域都能被公理化的信念和努力，又摧毁了希尔伯特设想的证明数学内部相容性的全部希望。同时，这种否定最终促成了数学基础的划时代变革，既分清了数学中的'真'与'可证'的概念，又把分析的技巧引入数学基础"③。该文阐述的内容被称为哥德尔第一不完全性定理：对于包含自然数系的形式体系F，如果是相容的，则F中一定存在一个不可判定命题S，使得S与S之否定在F中皆不可证。在第一不完全性定理的基础上，哥德尔又创立了第二不完全性定理：对于包含自然数系的形式系统F，如果是相容的，则F的相容性不能在F中被证明。

---

① 邓峰著：《代议制的公司——中国公司治理中的权力和责任》，北京大学出版社2015年版，"前言"第12-13页。

② 1965年，奥地利著名经济学家摩根施特恩（Oskar Morgenstern）在致外交部部长的一封信中写道："毫无疑问，哥德尔是在世的最伟大的逻辑学家；确实，像外尔和冯·诺伊曼这样的杰出思想家都承认他确实是自莱布尼茨以来，或者说是自亚里士多德以来最伟大的逻辑学家。……爱因斯坦曾对我说，他自己的工作本身对他来说已不再是那么重要了，他去研究院，只是为了能享有同哥德尔一同步行回家的特权。"［奥］约翰·卡斯蒂等著：《逻辑人生——哥德尔传》，刘晓力等译，上海科技教育出版社2002年版，第1页。

③ 蔡天新著：《数学简史》，中信出版集团2017年版，第297页。

在哥德尔创立不完全性定理前，许多数学家对于数学的基础问题非常关注。最早的几何学基础是由欧几里得的《几何原本》奠定的。但欧氏几何体系存在不少缺陷，有的公理不够简明，有的是多余的；有的概念诉诸直观，有的术语没有明确定义，有的定义是无意义的循环定义。微积分出现后，引起了数学的第二次危机；为了消除危机，人们对数学的基础问题更加关注。极限理论建立后，数学的第二次危机便解决了。极限理论是以实数理论为基础的，实数理论则以集合论为基础。集合论是19世纪后期数学家康托尔创立的。数学家把数学的基础问题归结到集合论上，集合论成为整个现代数学的基础。由集合论衍生出来的数学分支很多，如一般拓扑学、维数理论、测度论等等；集合论也成为分形、分维、混沌等数学理论的基础。集合论衍生出来的数学与经典数学大为不同，被称为现代数学。正因为集合论如此重要，乌拉姆才把康托尔同马克思、弗洛伊德的影响相提并论。[①] 然而，"罗素悖论"（又称"理发师悖论"）的出现，宣告集合论这个基础也是存在问题的。为了消除悖论，数学家把集合论加以公理化，建立一种不会产生悖论的集合论。早在1899年，希尔伯特出版的《几何基础》一书彻底清除了欧几里得几何学体系中的缺陷，发展了公理学，建立了新的公理学基础。希尔伯特认为公理系统应无矛盾性，即具有协调性、一致性、相容性，不能从公理系统推出相互矛盾的结论；另外，公理系统应具有独立性，没有一个公理系统由其他公理推出，不允许公理系统出现多余的公理；还要求公理系统具有完备性，不能在公理系统中再增添任何新的公理，使与原来的公理集相独立并相容。希尔伯特使几何学具备了严密的公理化基础，并使古典数学的内容形式化。德国数学家策梅罗在希尔伯特研究公理化的基础上，对集合论加以公理化。希尔伯特也认为，罗素的"理发师悖论"主要是因为悖论性陈述中涉及语义内容。倘若建立一种无意义的形式化的框架，也就是采用形式系统，就可以解决"理发师悖论"中涉及的问题。然而，哥德尔不完全性定理证明这是不可能的，企图把数学形式化的打算是行不通的。不管是几何学，还是集合论，

---

① 胡作玄著：《数学是什么》，北京大学出版社2008年版，第223-224页。

抑或是其他数学领域，都无法做到完全的公理推演，都不能保证自身内部不存在矛盾，不出现悖论。希尔伯特尽管在几何公理化方面成绩卓著，使数学更加逻辑严密，但完全的公式化终究拯救不了数学，无法消除公理化方法的局限。"这样，哥德尔不完全性定理的证明结束了关于数学基础争论不休的时期，走向了一个新的时代。"①

哥德尔不完全性定理研究的是数学的元问题，元问题属于根本性问题，对数学学科影响非常重大。当然，哥德尔不完全性定理也属于逻辑学中的元问题，对数理逻辑的发展影响重大。而数学、逻辑学是基础学科，对其他学科有着举足轻重的影响。因此，哥德尔不完全性定理对数学、对逻辑学、对其他学科的影响都是巨大的。正因为如此，美国《时代》杂志才在20世纪末把哥德尔评为20世纪最有影响力的100位人物。在这100位人物中，数学家仅一位。

从古到今，人们都在追求确定的知识，渴望知识千古不变。人们把这种知识寄希望于数学和逻辑学。我们知道，世界有三大逻辑体系，即西方的亚里士多德逻辑体系、中国的逻辑体系（名辩学）和印度的逻辑体系（因明学）。亚里士多德逻辑体系与中国的逻辑体系（名辩学）、印度的逻辑体系（因明学）有很大不同。亚里士多德逻辑体系有两个支柱，即"不经证明而被看作真的前提或公设的集，以及一些保证从一个真陈述变换为另一个真陈述的推理规则"。亚里士多德逻辑体系采用的是三段论推理；也就是说，演绎推理是数学和亚里士多德逻辑体系共同采用的方法，这种推理获得的知识具有必然性、确定性。但哥德尔不完全性定理却给演绎推理致命一击，认为"即使存在纯数之间的真实关系，演绎逻辑的方法也因太弱而不能使我们证明所有这些事实。换句话说，真（truth）就是大于证明"②，真与证明不是同一的。"哥德尔这一精妙绝伦的结果，还能适用于广泛得多的普通的日常事件，许多人把它看作是20世纪最深刻、最具影响力的哲学成果。""……它对数

---

① 胡作玄著：《数学是什么》，北京大学出版社2008年版，第239页。

② ［奥］约翰·卡斯蒂等著：《逻辑人生——哥德尔传》，刘晓力等译，上海科技教育出版社2002年版，第2页。

学、哲学、计算机科学、语言学和心理学整体的相关发展提供了基础。"①

在法学领域，哥德尔不完全性定理同样适用。

法学已经发展了几千年，法学的各个学科内部都有严密的逻辑体系，法学的各个学科相互之间也都有紧密联系。整个法学虽然分为许多学科，但在理论体系上却协调一致。与法学相对应，法律各部门内部之间也都有严密的逻辑体系，法律各部门之间都有紧密联系。从逻辑上说，法学系统内部理论之间，法律内部规则之间，不同层级之间的法律，都必须具有无矛盾性、完备性和可证明性。法律人竭力想使法律内部规则之间，不同层级之间的法律，具有无矛盾性、完备性和可证明性，但事实上，这种目的是无法达到的。"完美无缺"的法律在现实中从来没有出现过，相反，大量的法律存在大大小小的漏洞。有的法学家认为法律漏洞的出现是由于立法者认识上存在缺陷，以及法律滞后于飞速发展的社会生活。有一些法律漏洞确实来自这些原因，但并不全然。可以说，不管法律人多么努力，法律修改的多么及时，法律漏洞是永远消除不了的，因为，在现象的后面，存在着固有的逻辑，这就是哥德尔不完全性定理在起作用。"立法者虽然可以通过建立更多的法律条文或对法律条文进行解释以完善法律体系，这种增加法律条文的行为或法律解释在系统内是可证明的，是协调的。但新增加的法律条文和法律解释会形成新的法律系统，新的法律系统会形成新的矛盾命题，法律是永远不可完全的。法律的不可完全形成思维的逻辑困惑，它带给法律人的困惑是法律系统自身无法解决的。"②

前面已经说过，哥德尔不完全性定理带给演绎推理致命一击的是，演绎逻辑的方法因太弱而不能使我们证明所有事实。法官运用法律进行裁判，采用的是演绎推理。但当法律存在漏洞时，法官就得想方设法填补法律漏洞，把原本的演绎推理变为类比推理。这时，"法官寻求的是相同案件相同处理，形式的演绎推理在这种场景被弱化——法律系统严密的逻辑要求与司法实践

---

① ［奥］约翰·卡斯蒂等著：《逻辑人生——哥德尔传》，刘晓力等译，上海科技教育出版社2002年版，第15、30页。

② 李顺万：《法律完全性悖论及其解决方法》，《江西社会科学》2009年第9期，第166页。

中逻辑的弱化同样形成思维的悖论"①。法律漏洞无疑是法律系统不完全的直接表现，尽管法律人在千方百计地寻求弥补法律漏洞，但到头来，法律漏洞却永远无法填补，让众多法律人发出无奈的感叹。无数人都坚信逻辑的伟大，但逻辑到头来却制造了无数的悖论。哥德尔的伟大之处就在于让人们知道，即使跟着逻辑的脚步走，人们也会犯错，遇到无法解决的问题。

当然，法律的不完全性与数论系统的不完全性是有一定区别的，但二者产生的原因都来自系统自身的矛盾。哥德尔发现不完全性定理就来自"说谎者悖论"和"理查德悖论"的启发，所以，哥德尔对悖论是有研究的，认为悖论的产生与语义的封闭性有关。要排除语言的封闭性，就必须把语言分为不同的层次，不能用对象语言而只能用元语言讨论语句的意义、真假。因此，在形式语言中可以消除语义悖论，但在自然语言中是无法做到的。而法律语言属于自然语言，用自然语言建构的法律系统，用语言层次论是难以消除其存在的悖论的。

其实，哥德尔不完全性定理证明过程完全是符号化的、形式化的推理，不涉及内容。由于哥德尔不完全性定理研究的是元数学、元逻辑，它对许多学科都适用。所以，如果把法律内容带入该定理，也就是"把意义（即语义内容）添加到由形式系统的符号构成的纯句法的符号串中去"②，那么，这个定理就是法律定理。由此，我们可以说，法律定理也能用形式化的数学语言或逻辑语言证明。

在法学界，德沃金认为法律是一个"封闭完美体系"，在法律帝国里，不允许存在法律漏洞。"基于哥德尔的不完全性定理，建立在逻辑形式系统模型之上的法律完全性主张不能成立；相反，若以社会系统为模型重新审视德沃金的法律完全性命题，则该命题的成立是可以得到保证的。而由形式系统向

---

① 李顺万：《法律完全性悖论及其解决方法》，《江西社会科学》2009年第9期，第166页。

② ［奥］约翰·卡斯蒂等著：《逻辑人生——哥德尔传》，刘晓力等译，上海科技教育出版社2002年版，第25页。

社会系统的模型转换，则为法律完全性命题的可能性论证提供了一个新的路径。"①

在国内，有学者用哥德尔不完全性定理分析历史上存在的几种民主理论的局限性，指出了应当选择的可行路径。从古到今，先后出现过古典主义民主模式、平民主义民主模式、法治民主（麦迪逊式民主）模式和精英主义民主模式。万绍红在《民主的路径：哥德尔不完全性定理的视界》一文中认为，古希腊的雅典民主制度被认为是民主的古典主义模式，实行"人民的统治"，决策规则是"完全一致"的同意规则，试图将每个人的意愿融入民主系统。由于一致同意的规则不仅成本太高，更重要的是，"哥德尔不完全性定理指出要构建达致一致同意的实践系统是根本不可能的，多主体投票环境中投票悖论也证明了一致同意的虚幻性"。平民主义民主模式认为民主是多数人的绝对民主，民主以政治平等为目标，把少数服从多数规则作为决策规则。这一模式纠正了古典主义民主模式"完全一致"的不可行性，但多数规则容易形成多数人暴政，导致集体选择的非理性结果。从哥德尔不完全性定理分析，"'多数规则'理论在逻辑上并不是自洽的，它往往会走向它的反面，即'多数规则'悖论。平民主义民主理论为了实现自身的自洽，试图采用'多数规则'在内部证明自己的一致性，恰恰犯了在系统内证明自己一致性的幻想"。法治民主模式认为，民主是一种妥协艺术，要实行宪法控制，对多数人的主权进行限制。但"麦迪逊的所谓完美的宪法控制形式系统，也不是自足的"，容易形成少数人的暴政。精英主义民主模式认为，民主历来不是人民统治，实际上是少数精英的统治，民主其实就是由人民选举由谁来充当政治精英。"精英主义民主意图建构一个完美的'精英'来引领人民朝向民主，在哥德尔不完全性定理的精义那里，所谓完美是不存在的，存在的只是所谓完美的想象。"②

① 李贞元：《德沃金的法律完全性命题如何可能——从形式系统到社会系统》，《系统科学学报》2015 年第 2 期，第 10 页。

② 万绍红：《民主的路径：哥德尔不完全性定理的视界》，《阿坝师范高等专科学校学报》2005年第 3 期，第 23-24 页。

以上古典主义民主模式、平民主义民主模式、法治民主（麦迪逊式民主）模式和精英主义民主模式都不符合哥德尔不完全性定理，是注定无法实现的。那么，有什么民主模式在现实中具有可行性呢？美国学者达尔提出了一个方案，即多元主义民主理论模式。达尔认为，民主社会的一个特征就是人们都生活在一定的利益集团中，在政治问题上很难形成多数，形不成控制一切的势力，政治生活中出现的是以团体为单元的大大小小的群体之间的多重博弈。所以，民主是多重少数人的统治。达尔的多元主义民主理论是一种"趋向民主"，一步步向真实民主逼近，带有自生自发的性质。哥德尔不完全性定理告诉人们，在一个无矛盾的形式系统中，永远存在不可证明的定理，因此，人们把握真理的能力是有限度的。"达尔对理性抱有深深的疑虑，因而不曾也不敢建构一个完美的形式系统以建构民主。民主从达尔开始，从乌托邦的纯粹民主步向了经验的协商民主，既具有合理性又具有合法性，或者说正当性。"[①]达尔建构的多元主义民主理论是符合哥德尔不完全性定理的。所以，作为法学中重要的民主理论，通过哥德尔不完全性定理也可验证其可行性的。

（三）纳什均衡对法学的影响

博弈论，又称对策论，研究在不同策略情况下人们是如何行事的。博弈论的创立是数学家与经济学家合作的产物，现代博弈论几乎与经济学同步发展，是在回答经济实践中所提问题的基础上发展起来的，如同功利主义的创始人边沁，在研究法学的基础上创立了功利主义。

博弈论思想古已有之，如齐王与田忌赛马的故事就是典型例证。但古代的博弈论思想是朴素的、零散的，不成体系。从博弈论名称来看，似乎它只研究人们如何竞争，其实还研究人们如何合作。博弈论对社会生活的影响要比阿罗不可能性定理、哥德尔不完全性定理广泛得多。"不管是在爱情、运动竞技、经济、科学研究、政治、外交还是战争，博弈论都能对个中决策起到指导。""在今天，这一理论的研究范围已经覆盖到了所有能想象得到的社会

---

① 万绍红：《民主的路径：哥德尔不完全性定理的视界》，《阿坝师范高等专科学校学报》2005年第3期，第41页。

冲突情况中出现的理智决策行为。"① 总之，无论是自然科学还是社会科学，博弈论都对之会产生作用。

博弈论主要是由冯·诺伊曼创立。1928年，冯·诺伊曼提出了二人零和对策的极小化极大定理，宣告了博弈论的诞生。图克（Tu cKer）研究了"囚徒困境"问题，纳什提出了"纳什均衡"理论，师徒二人奠定了非合作博弈论的基石。与纳什一同获得诺贝尔经济学奖的泽尔腾（Selton）将动态分析引入博弈论，深化了纳什均衡的概念；豪尔绍尼（Harsanyi）则分析在信息不完全情况下，参与博弈的各方如何求得最优策略行为和均衡。

泽尔腾和豪尔绍尼虽然与纳什合分了1994年的诺贝尔经济学奖，但他们二人的博弈论理论与纳什无法比拟，纳什均衡已成为现代博弈论中最为核心的概念，极大地推动了博弈论的发展。诺贝尔经济学奖得主罗杰·迈尔森（Myerson）认为，纳什的非合作博弈理论是20世纪人类最杰出的智力成果之一，其发现意义堪与生物学中发现DNA的双螺旋结构相媲美。② 而纳什均衡理论奠定了现代非合作博弈论的基础，此后，博弈论的发展大都与此有关，或完善它，或修正它。纳什均衡理论对经济学的重要影响主要体现在六个方面：一是改变了现代经济学的认识方式，非合作博弈理论已渗透到现代经济学的方方面面；二是拓展了现代经济学的研究视角，纳什均衡及其相关模型的分析方法为现代经济学提供了新的分析工具；三是加深了现代经济学的认识程度，强调从微观个体行为规律的角度发现问题的根源；四是形成了现代经济学的新范式；五是沟通了现代经济学与其他自然科学和社会科学的联系；六是丰富了现代经济学的学术话语和表述方法。③

---

① ［瑞士］雷尼·卢辛格主编：《改变世界的12位经济学家——从亚当·斯密到斯蒂格利茨》，金天胤等译，浙江人民出版社2011年版，第116、118页。

② 参见［美］汤姆·齐格弗里德著：《纳什均衡与博弈论》，洪雷等译，化学工业出版社2011年版，第36页。纳什均衡理论虽然影响巨大，尤其对经济学，但纳什在数学其他领域里的贡献其实更大。沃尔夫数学奖和阿贝尔奖得主格罗莫夫曾说："依我看来，纳什在几何学中的成果比在经济学中的成果高出好几个数量级，后者根本没法比。这些成果带来的是思考问题的态度上的巨大转变。"参见舒尚奇：《纳什的数学贡献与展望》，《渭南师范学院学报》2015年第22期，第92页。

③ 参见钱津：《纳什均衡的内在张力及其消解》，《深圳大学学报（人文社会科学版）》2019年第2期，第59页。

纳什均衡是指博弈的参与者针对对方的行动作出最佳反应，使所有参与者的愿望都能得到满足。① 纳什均衡预示着局中人倘若不改变其策略，则别的局中人不能单方面改变自己的策略以增加自己的效用。局中人在有限的情况下参加有限行为的对策，就会至少存在一个这样的均衡。

　　在纳什博弈论论文发表初期，人们对它并不注重；到了 20 世纪 70 年代，生物学家用它研究动植物中的生存竞争现象；到了 80 年代，许多经济学家开始把它用之于经济学领域的问题研究。从此以后，博弈论才成显学，在许多领域派上了用场，包括法学。一个新的方法和视域沉寂多年后在对自然科学和社会科学研究的领域出现了，而且用的人越来越多。尤其是经济学，传统的经济学已经被博弈论重新改写了，不懂博弈论，要从事经济学的研究非常难。博弈论冲击了主流的经济思想，以往亚当·斯密的比喻"看不见的手"已经成为经济学的"公理"，认为市场参与者在追逐个人利益的同时客观上会为整个社会财富的增长作出贡献。但博弈论昭示人们，个人利己的合理追求并不导致社会最优结果，"囚徒困境"就是典型例证。亚当·斯密的"看不见的手"却被"囚徒"死死地揪住不放，经济学家不得不为"囚徒"而重新改写经济学理论。然而，通过"囚徒困境"，"'纳什均衡'告诉我们，只有在利他中才能真正利己，也只有在使他人充分受益中才能使个人利益最大化，在受益者各方的共同努力下实现'双赢'"②。这个结论虽然让亚当·斯密及其信徒听了不爽，但对法学却是个福音，因其与社会主义核心价值观是一致的，对指导立法、司法和守法有重要的参考价值。

---

　　① 纳什均衡的定义很多，如："博弈的参加者针对对手的行动作出最佳反应，这样的话，最终所有参与者的愿望都能达到满足。……在博弈中，每个参与者都有一组策略或行动可供选择，如果没有一个参与者可以通过单方面地偏离他的选择得到更好的收益，即为纳什均衡。""将双方都估计得特别坏，并从这一前提出发，参与如何追求自己的最优对策和由此造成均衡，就是所谓纳什均衡。""在博弈中至少存在着这样一种策略组合，如果你改变你的策略（其他任何人的策略都不改变）你会获得比之前差的结果。"所谓纳什均衡，指的是所有参与人最优选择的一种组合，在这种组合下，给定其他人的选择，没有任何人有积极性做出新的选择。参见［印］考希克·巴苏著：《信念共同体——法与经济学的新方法》，宣晓伟译，中信出版集团 2020 年版，第 32 页；何正斌译著：《经济学 300 年》，湖南科学技术出版社 2010 年版，第 312 页；［美］汤姆·齐格弗里德著：《纳什均衡与博弈论》，洪雷等译，化学工业出版社 2011 年版，第 41 页。

　　② 程祖瑞著：《经济学数学化导论》，中国社会科学出版社 2003 年版，第 103 页。

在法学领域，虽然这么多年，国内已有不少学者用博弈论研究法学，但与经济学相比还相差很远，研究的领域也不够广泛。有学者说过："没能充分利用博弈理论是不幸的，因为现代博弈理论为人们理解法律规则如何影响人的行为提供了非常深刻的洞察力。"① 所以，当众多经济学家运用博弈论分析经济问题取得辉煌成就时，法学家不能袖手旁观，把这一新方法置若罔闻，使法律问题得不到庖丁解牛那样的犀利解法。

马克思主义法学认为，法律是阶级不可调和的产物，是统治阶级的意志。阶级划分的标准与生产资料占有关系、在生产过程中的作用和地位以及分配方式有关，涉及经济利益关系。利益冲突导致阶级斗争，利益与社会关系互为本质，法律关系必须反映利益需求。法的价值在于发现利益、分配利益、确认利益、保护利益和协调利益。不同的利益主体，在分配利益时，都需要进行博弈。整个法律的制定过程和全部司法活动都是一个博弈过程。改革开放，实际上是一场利益的大调整、大博弈，各个阶级、阶层根据新的历史时期的发展特点在制定法律过程中重新提出自己的诉求，重新分配利益。党和政府已经提出了建设法治国家、法治政府和法治社会的战略目标。在法治社会，也存在利益冲突，但普遍而有序的利益博弈是法治社会解决利益冲突的特点。"现代的立法理念应当积极培育利益博弈，努力使利益博弈达成有效均衡。利益博弈的充分是有效均衡的前提，而只有让更多的民众参与立法才能使利益博弈更加充分。"② 正义是社会制度的首要价值。法律不在于它是否有条理、有效率，而在于它是否正义；不正义的法律再有条理、效率，社会都应摒弃。要想法律变得正义，在多元社会，立法时必须让社会利益攸关方，通过博弈形成一种平衡，实现利益的协调。

部门法中，用博弈论分析法律问题的论文不少。如王俊用博弈论分析见义勇为行为，并提出立法建议。见义勇为行为是弘扬社会正气，敢于同坏人

---

① ［美］道格拉斯·G. 拜尔等著：《法律的博弈分析》，严旭阳译，法律出版社1999年版，"导论"第1页。

② 金小鹏：《论法与利益博弈、利益衡量》，中国人民大学法学2009年博士论文，参见"摘要"。

做斗争的行为，符合社会主义核心价值观。但很长时期，这种行为在社会上得不到弘扬，使黑恶势力得以猖獗。王俊用博弈论分析了见义勇为行为得不到弘扬的原因，认为作为理性人，见义勇为行为的临界点就是预期收益等于预期成本。在见义勇为行为得不到系统的、持续的法律保障前提下，见义勇为者的收益为负值。由于信任的缺乏，很少有人见义勇为、单枪独斗地将自己置于不利地位。因此，在他人遭受危难的情况下，在场者博弈的纳什均衡是袖手旁观、见死不救。这样，别人采取何种策略（救还是不救），对自己都不会造成损失。所以，必须通过立法，运用法律的手段填补信任的缺失，在法律中作出规定，对见义勇为行为予以适当的鼓励和保护，尤其要加大保护力度，免除其后顾之忧；在他人遭受危难，自己有条件救助却没救助，则予以法律惩罚。① 只有这样，才会打破纳什均衡，改变袖手旁观、见死不救的局面，使社会风气发生根本改观。

也有学者用博弈论分析司法腐败问题。何远琼在《站在天平的两端——司法腐败的博弈分析》一文中首先分析了原被告双方当事人在司法腐败问题上的博弈，用二元矩阵来表示司法腐败中原被告双方当事人之间的完全但不完美信息的博弈模型。作者用纳什均衡的方法或严格占优的方法求解这个博弈，得出原被告双方当事人都会采取贿赂策略这个解。接下来，作者构建并分析了当事人与法官之间的司法腐败博弈模型，认为当事人与法官之间的博弈存在着多个解。当事人和法官之间要达成贿赂这个均衡解，就只有在法官的腐败行为产生的收益大于腐败行为产生的成本和当事人行贿行为产生的收益大于其举报行为产生的收益的情况下才能实现。法官作为理性的博弈参与人，为了安全起见，一般只会接受当事人一方的贿赂，那种吃了原告吃被告的说法在现实生活中发生的几率不高。作者还构建并分析了法官与法官之间的司法腐败博弈模型，以及加入律师变量后的司法腐败博弈模型。总之，司法腐败属于小群体博弈，参与人对博弈的最终结果可能并不知晓。另外，司

① 王俊：《从博弈论视角透析见义勇为的立法路径》，《广东商学院学报》2010年第2期，第85-88页。

法腐败在这种小群体范围内举报率是非常低的，因为双方之间存在长期博弈的机会，如律师和法官之间。司法腐败博弈存在多重均衡。"在司法腐败的需求、供给、交易的谈判和执行的各个环节上，中国现实的司法环境都促使司法腐败博弈各参与人的效用函数向有利于达成贿赂交易的一边倾斜。从贿赂合同理论和贿赂交易的实证博弈上，都表明人们对司法腐败的感知并不虚假，中国司法应该是呈现出高均衡腐败状态，而目前严格意义上的司法腐败案件的稀少，只能证明司法腐败的自我执行性和隐蔽性，以及司法腐败捕获率的低下。"①

运用博弈论研究诉讼法的学者不太多。上海交通大学凯原法学院教授王福华在论文《程序选择的博弈分析》一文中研究了民事诉讼过程中的博弈行为。作者认为"诉讼当事人之间的关系具有交叉和对抗的特点，彼此的诉讼行为存在相互影响，因此诉讼具备了博弈论发生作用的场景"②。在民事诉讼的每个环节，双方诉讼当事人都存在博弈的契机。作为理性人，民事诉讼双方当事人为了自身的利益，会精心选择仲裁程序、非讼化程序或诉讼程序，以及决定诉讼的内容和范围，决定是否撤回、诉讼上和解、认诺、舍弃，等等。由于民事诉讼不同于刑事诉讼，诉讼当事人的主张权利选择余地大，这就使诉讼活动的每个阶段都有可选方案，都有博弈的可能。程序选择是一种双方的博弈，不仅自己在选择，而且要考虑对方的选择，根据对方的选择而制定自己的对策。在民事诉讼中，双方当事人的程序选择也存在一个均衡状态，即纳什均衡。"双方当事人达成协议约定管辖法院、适用简易程序以及选择调解程序解决纠纷，都是典型的程序博弈均衡；撤诉、承认对方当事人的诉讼请求等同样是博弈均衡。"③ 程序博弈过程中所实现的纳什均衡未必意味着当事人会得到最佳收益，因为赢得诉讼的胜利还取决于当事人掌握信息的多少，是否聘有诉讼经验丰富的律师等等条件，但纳什均衡的实现，意味着双方当事人可以根据这种一致的预测决定应该选择的纠纷解决程序，还意味

---

① 何远琼：《站在天平的两端——司法腐败的博弈分析》，《中外法学》2007年第5期，第583页。
② 王福华：《程序选择的博弈分析》，《法治现代化研究》2020年第5期，第138页。
③ 王福华：《程序选择的博弈分析》，《法治现代化研究》2020年第5期，第142页。

着程序选择博弈为诉讼合作提供了契机，使当事人博弈的结果趋于和谐。所以，博弈论也能在司法上为和谐社会的实现贡献力量。

诚实信用原则是民法中的一项重要原则，常被称为民法特别是债法中的最高指导原则或"帝王规则"，在大陆法系中甚至被看作民法中唯一的基本原则。西方一些学者认为诚信原则是"作为自然法之代表的对实在法的监督者"①。对这样的一个重要的民法原则，我国法学界自然会对之进行多角度深入研究。褚霞在《民法诚实信用原则的博弈论分析》一文中从博弈论角度分析诚实信用原则。在当事人双方都秉持诚实、恪守承诺的情况下，诚实信用原则的应用有利于实现当事人之间利益的均衡。但在一次性交易中，若没有法律、道德这些外来约束，双方当事人的占优策略是不遵守诚实信用原则，由此形成纳什均衡。当然，这一均衡是缺乏效率的。要使诚信策略占优，成为双方当事人的首选，就必须或增加交易次数，或采用法律规制增加不诚信策略的成本。民事主体遵守诚信原则是出于利益的衡量。把诚信原则上升为法律是政府、社会和个人博弈过程中的最优选择。但在法律实施中，由于诚信原则是概括性规定，内涵和外延具有不确定性，是给法官的空白委任状，所以，要使诚信原则具有操作性，必须界定其适用条件，完善社会信用建设，健全信息公开制度，加大惩罚欺诈的力度。②

从以上的介绍中可以看出，我国法学界运用博弈论研究法律问题的领域颇为广泛，一些研究论文相当有深度。从国内外来看，研究著作已有一批，如美国学者道格拉斯·G. 拜尔等人撰写的《法律的博弈分析》、约翰·西拉斯（John Cirace）撰写的《法律、经济学和博弈理论》、中国学者李晟赟撰写的《法律诉讼中的博弈》、徐伟功撰写的《冲突法的博弈分析》。至于论文，已有不少。作者在知网上，在"主题"选项下，用"法律的博弈分析"语句进行搜索，共出现学术期刊论文 170 篇，学位论文 215 篇。所以，可以得出

① 徐国栋著：《民法基本原则解释——成文法局限性之克服》，中国政法大学出版社 1992 年版，第 77 页。
② 参见褚霞：《民法诚实信用原则的博弈论分析》，《东北财经大学学报》2002 年第 5 期，第 90-91 页。

结论，目前法学界，用博弈论方法研究法律问题已经较为普遍。由于纳什均衡在博弈论中的核心地位，几乎任何一篇"法律的博弈分析"方面的论文，都绕不开纳什均衡。纳什均衡是数学理论，但采用这个方法研究法律问题也别开生面，增加了法学的研究深度。假如纳什当初在论证纳什均衡时，像其师艾伯特·塔克（Albert Tucker）以"囚徒困境"名义阐述非零和博弈中的模型，那么，纳什均衡就是一个法学定理。边沁在法学中研究出功利主义哲学，是功利主义法学影响了功利主义哲学。应该说，功利主义法学和功利主义哲学同时诞生。如果纳什像边沁那样做，纳什均衡就既是一个法学定理，也是一个数学定理。

四、数学方法在一定程度上可以证明法律命题

通过以上对用数学方法论证哲学社会科学命题的考察，以及几个著名数学定理对法学影响的考察，不难发现，数学方法在一定程度上可以证明法律命题。数学对社会科学、对法学的影响是全方位的，不但体现在第一级，即数据和信息的搜集上，而且体现在第二、三、四级上，即科学原理和经验定律的定量表述上，数学模型的表述、研究和证实上，用数学模型来获得科学洞察力上。

（一）数学对社会科学的影响是全方位的

从第二、三、四部分可以看到，数学对社会科学产生了深刻影响。我们知道，自然科学不同于社会科学，数学对自然科学的影响是全面的、深入的；从一定意义上可以说，许多数学方法就是为自然科学的某些领域量体定制的，是为了推动自然科学的发展而发展起来的。① 社会科学研究的对象是人类的社会关系现象，往往受到研究主体的态度和意识的影响。而自然科学研究的对象是自然界的物质现象，研究主体往往持客观中立态度。数学研究对象是人

---

① 当然，有些数学方法也是为某些社会科学量体定制的，如射影几何、博弈论、角谷定理、集值映射的积分理论、近似不动点计算的算法等。射影几何起源于绘画，文艺复兴时期透视学的兴起，为射影几何的产生和发展创造了条件；博弈论的产生和发展与经济学有着密切联系。

们抽象出来的，在自然界并不存在，具有形式化的特点。数学是脱离时间的，具有永恒性。数学的"秉性"与自然科学较为接近，① 因此，用数学方法研究自然科学，二者结合会非常紧密，客观性得以保持。"基本的事实就是这样：科学现在给大自然所描绘的图像（看来只有这些图像能够与观察到的事实一致）是数学化的图像……大自然似乎精通纯数学的规则……不管怎么说这一点几乎是无可争辩的；大自然和我们的有意识的数学心智根据同样的规律来运作。"② "数学是科学理论的本质……数学是人和大自然、人的内部和外部世界的中介。……数学和物理实在是不可分的。因为数学告诉我们物理世界所包含的东西，而且只能用数学语言和概括来表达那种知识，所以数学和桌椅一样实在。"③ 用数学方法研究社会科学，虽然在一些方面结合得较为紧密，但由于社会现象非常复杂，研究主体要持客观中立态度比较难，所以，用数学方法研究社会科学，在许多领域必然存在"水土不服"问题，研究结果与社会现实有时不尽符合。

不过，数学经过几千年的发展，其学科已成为一个庞大的家族，各个分支学科在处理问题时各具特色：有些分支学科除用在自然科学领域游刃有余外，在社会科学领域适用就比较困难；有些分支学科除能在自然科学领域适用外，还能在社会科学领域适用，尤其是20世纪以来发展的数学分支更是如此。

学者把数学分为三代：第一代数学以"数"为研究中心，第二代数学以"事件"为研究中心，第三代数学以"思维"为研究中心。④ 第一代数学用于数据和信息的搜集上非常合适，第二、三代数学用于科学原理和经验定律的定量表述上，用于数学模型的表述、研究和证实上，以及用于数学模型来获得科学洞察力上都比较合适。

---

① 数学是否属于自然科学，存在争议。有人认为数学是一门独立于自然科学的学科，同思维的关系更密切一些。我国著名科学家钱学森就主张数学应该与自然科学、社会科学并列，具有同等地位。参见何柏生著：《法律文化的数学解释》，商务印书馆2015年版，第31页。

② ［美］M. 克莱因著：《数学与知识的探求》，刘志勇译，复旦大学出版社2005年版，第242页。

③ ［美］M. 克莱因著：《数学与知识的探求》，刘志勇译，复旦大学出版社2005年版，第249-251页。

④ 闵珊华：《文学创作中的数学思维方法》，《中国软科学》1994年第12期，第108页。

（二）用数学方法论证法律命题已有诸多成功例证

大家知道，几年前，南昌大学原校长周文斌因受贿、挪用公款而受审。在庭审过程中，这位工学博士运用概率论与数理统计、误差理论、排列组合等数学理论，论证控方所提交证据的"荒谬"。[①] 由于笔者没有旁听庭审过程，对案情不熟悉，不能判断周文斌用数学方法质证的效果，但二审对一审做出了改判，由无期徒刑改为 12 年有期徒刑。另外，该案的审理，也表明数学方法在法律活动中是有用武之地的。

无独有偶，哥德尔在加入美籍时，需要进行入籍考试。在研究美国宪法时，发现美国宪法存在一个逻辑漏洞，利用这个漏洞，就能把美国变为专制制度；而且通过数学方法可以证明。遗憾的是，哥德尔是如何证明美国宪法存在逻辑漏洞的，没有记载下来。但据说，哥德尔"一直有强烈的法律癖，着迷于仔细研究人为法律的意义和推论"[②]。

从博弈论中，我们知道有一个著名的"囚徒困境"，虽属博弈论涉及的问题，但用法律语言把问题表述出来了。所以，"囚徒困境"完全就是个法律问题。如同亚里士多德创立了形式逻辑，但西塞罗把它用来研究法律问题，就成为法律逻辑学了，法律逻辑学就成为法学研究对象了。"囚徒困境"作为法学（法律）问题，在审讯犯罪嫌疑人时经常会遇到。如果"囚徒"事先没有沟通，从利益最大化原则出发，他们会坦白，把对方罪行供出，从而受到减轻处理。但是，"坦白从宽，牢底坐穿"，这是一些累犯、惯犯的切身体会；对于他们来说，从利己出发，结果对二人都不利；而共同合作，就能早日出狱。总之，"囚徒困境"虽然有它的经济学、社会学、政治学等多方面的意义，但从字面分析，首先是一个法律问题，最应探寻的是其法律意义。"囚徒困境"是博弈论专家、经济学专家讲的法律故事，论证方法是数学式的。所以，我们完全可以说，"囚徒困境"是用数学方法论证的法律命题。而"囚徒

① 《南昌大学原校长周文斌受审用概率论质疑证据》，腾讯新闻，https://news.qq.com/a/20150123/001151.htm，2022 年 1 月 23 日访问。

② ［美］丽贝卡·戈德斯坦著：《不完备性——哥德尔的证明和悖论》，唐璐译，湖南科学技术出版社 2008 年版，第 168-169 页；［奥］约翰·卡斯蒂等著：《逻辑人生——哥德尔传》，刘晓力等译，上海科技教育出版社 2002 年版，第 66-67 页。

困境"具有广泛的应用性，不但在法律命题的许多方面都能适用（如订立合同后是否遵守问题），更重要的是，在许多学科领域都能适用。

在法学家的著作中，早已有名著采用公理化方法的，如霍布斯的传世名作《利维坦》《论公民》，孟德斯鸠的《论法的精神》，洛克的《政府论》等等在写作过程中都采用了公理化方法。① 这些名著从公理出发，通过严格的演绎推理，得出令人信服的结论。在近代西方著名的法典中，也广泛采用公理化方法，如《法国民法典》。欧陆国家的哲学家把数学方法视为认识之王，企图把一切学科数学化。在拿破仑这个数学家②主持制定的《法国民法典》中，自然不缺乏数学因素。近现代法典都有基本原则，《法国民法典》也不例外。自由和平等原则、所有权原则、契约自由原则和公序良俗原则是《法国民法典》的基本原则，构成其公理。宪法典在制定过程中，也设有基本原则，即自由原则、民主原则和法治原则。这三项基本原则也构成宪法典的公理。无论是民法典还是宪法典，基本原则是其逻辑推理的出发点，法典内的任何条文不得违背。

在世界各国的法庭上，用数学方法论证法律命题早已普遍化。彭中礼教授认为，数学方法在司法审判中的主题涉及三个层面：第一个层面是诉讼当事人运用数学方法来论证某个法律命题；第二个层面是法官运用数学方法分配权利义务；第三个层面是通过数学方法来实现司法规则的建构。③

（三）在我国法学界，需要有既精通法学又精通数学的人才，才会在法律数学化过程中有所建树

在用数学方法证明法律命题时，必须要有精通数学的学者甚至数学家的参与。我们从经济学数学化过程中就可以看出，经济学之所以能在数学化过

---

① 何柏生著：《法律文化的数学解释》，商务印书馆 2005 年版，第 315–317 页。

② 拿破仑不但是政治家、军事家，而且是数学家。拿破仑对数学非常感兴趣，在行军打仗间隙，经常研究平面几何，曾为当将军还是数学家而踌躇。他提出了"拿破仑定理"，即以任意三角形的三条边为边，向外构造三个等边三角形，则这三个等边三角形的外接圆中心恰为另一个等边三角形的顶点。他在立法上认为："将法律化成简单的几何公式是可能的，任何一个能识字并能将两个思想联系起来的人，就能作出法律上的裁决。"转引自沈宗灵著：《现代西方法律哲学》，法律出版社 1983 年版，第 98 页。

③ 彭中礼：《法律论证中的数学方法》，《政法论坛》2017 年第 5 期，第 6 页。

程中取得巨大成绩，就是由于大量数学家甚至一流数学家的参与。冯·诺伊曼是20世纪顶尖的数学家，在集合论和数学基础、测度论、遍历理论、群论、算子理论和格论等方面对纯粹数学作出了杰出贡献。当然，在应用数学上，他作出的贡献更大，被称为"计算机之父""博弈论之父"。由于这样级别的数学家用博弈论研究经济学，很快就在经济学领域取得了重要成就。他与经济学家摩根斯坦合作，于1944年出版了《对策论与经济行为》一书，成为现代数理经济学的开拓者之一。1975年获得诺贝尔经济学奖的康托洛维奇（Kantorovich）也是苏联著名的数学家，17岁就解决了一些数学难题，22岁晋升为大学教授，曾因数学成就获得斯大林奖。他因对经济问题感兴趣而研究线性规划，利用线性规划技巧研究资源配置问题，写出了《经济资源的最优利用》一书。学者史树中曾对2001年前获得诺贝尔经济学奖的学者进行统计，在49名获得者中，有16人曾获得过数学学位，8人曾获得过理工专业学位。① 经济学数学化之所以搞得轰轰烈烈，就是因为有这些数学通在经济学领域翻江倒海。

在我国法学界，既懂法学又懂数学的人寥寥无几，更重要的是这些人对采用数学方法研究法学要有兴趣。倘若仅仅具备法学、数学两方面知识储备，但对采用数学方法研究法学没有兴趣之人，在法学数学化过程中也无从作出成绩。只有精通数学之人才能作出大的成绩。前面提到，九江学院甘筱青教授，之所以能带领团队，对《论语》《孟子》《道德经》《荀子》等书从公理化角度进行阐述，对传播诸子百家作出了重要贡献，就因为甘筱青既在清华大学获得过数学博士学位，又对传统文化感兴趣。由于我国法学院校普遍对数学不重视，开设数学课的院校非常少，这就使我国的法律人普遍对高等数

---

① 史树中著：《诺贝尔经济学奖与数学》，清华大学出版社2002年版，第7页。沈自强认为用数学方法研究经济理论从而获得诺贝尔经济学奖的人数占全部人数的一半以上（数据截至2014年）。参见沈自强：《诺贝尔经济学奖得主的学术贡献分布：哲理、数理与技理》，《中国传媒大学学报（自然科学版）》2014年第6期，第15页。截至2007年，获奖的61人中，获得数学学士17人，占27.87%；获得数学硕士10人，占16.39%；获得数学博士10人，占16.39%。拥有数学学位的获奖者超过了一半，许多获奖者的获奖领域与数学有关。参见尹莉：《诺贝尔经济学奖获得者的地理分布及数学化趋势》，《西北大学学报（自然科学版）》2008年第2期，第342页。

学不熟悉，在法律数学化过程中难以有所作为。要改变这种不利局面，不是一朝一夕能解决。倒是有一些法律硕士，其中不少有理工专业甚至数学专业背景，他们在法律数学化过程中有可能会作出成绩。

结　语

随着法学界对数学重要性认识的加深，数学方法在法学研究中的应用愈来愈广泛，用数学方法论证法学问题会愈来愈多。当然，比起自然科学来，许多法学问题目前尚无法采用数学方法论证。但法学研究人员应该清楚，科学技术是不断发展的，过去无法采用数学方法论证的法学问题，随着科学技术的发展，现在就可以采用了。比如，随着计算机、信息科学的发展，采用大数据研究法学问题就实现了，过去无法量化处理的法律问题现在就可量化处理了。另外，数学也是不断发展的，以前无法用数学方法解决的法律问题，随着新的数学方法的出现就可迎刃而解。比如，随着博弈论的诞生，一些法律问题就可用数学方法解决了。"纳什的'美丽心灵'掀起了一场智力革命，并最终推动博弈论从一种时尚转变为整个社会科学的基础。""博弈策略中的数学理论的确很有说服力，因为它的概念与社会组织的概念存在着相通相似。"[①]

就目前数学对法学的影响来说，在数学影响的四个等级中，数据和信息的搜集已经在法学研究中广泛采用。但在法学领域中，科学原理和经验定律的定量表述，数学模型的表述、研究和证实，以及用数学模型来获得科学洞察力这三个等级中，数学的影响有待加强。而法学研究只有广泛进入这三个等级中，采用数学论证才会成为法学研究的常态，法学研究才会更加深入。但不管怎样，法学问题或法律问题，用数学方法是可以论证或证明的。"囚徒困境"就是一个法律问题，已经用博弈论这一数学方法顺利解决。

---

① ［美］汤姆·齐格弗里德著：《纳什均衡与博弈论》，洪雷等译，化学工业出版社2011年版，第35-36页。

　　抽象性是数学的一个特点。数学概念没有直接的现实原型，不指称现实世界存在的某种具体的东西。数学理论往往有多种解释，每一解释都是一个自然科学、社会科学的理论。因此，任何一种数学方法，只要能解决法律问题，就会形成一种新的理论。如博弈论，用来解释经济学问题，就会形成一种新的经济学理论；用来解释法学问题，就会形成一种新的法学理论。所以，前文所说的阿罗不可能性定理、哥德尔不完全性定理和博弈论，且勿把它看作与法律无关的数学定理或数学理论；只要它能解释法律问题，说它是法学定理也未尝不可。我们只需把定理中的字母变为法律问题，数学定理就变成法学定理。

第二章
数字的法律意义

数字，也就是数目字，表示数目的符号。数字是算术的基础，算术是数学的基础，因此，"数学是关于数字的科学"①。追溯数学的起源应该从数字开始。数字是符号，符号的用途在于表达意义、解释意义，因此，探寻数字后面表达的意义是研究数字的真谛。杜波依斯说："一旦你掌握了数字，你实际上就不再是读数字，就像你读书不是在读单词一样，你读的是意义。"② 数字在不同领域表达的意义不完全相同。探讨法律中数字的意义，也就是探讨数字所代表的意义如何在法律中体现，这是本章所要研究的内容。

数字在人类文明史上出现得非常早。两河流域是人类文明出现最早的地方，那时的人们已经开始数字运算了。埃及、印度和中国这些文明古国也都很早就与数字打交道了。作为个体的人，很小的时候就开始接触数字，生老病死都离不开数字。

数学家认为数学文化体现在三个层面上：第一个层面与数字有关，涉及计算和测量的方法；第二层面指的是空间，表现为数学在定位和设计上的应

---

① ［英］郑乐隽著：《数学思维》，朱思聪、张任宇译，中信出版集团 2020 年版，"前言" Ⅲ。

② ［美］马克·钱伯兰著：《数字乾坤》，唐璐译，湖南科学技术出版社 2020 年版，"前言" 第 1 页。

用；第三个层面体现在人们的社会关系上，在社会、经济、政治、艺术等领域影响着文明发展的边界。① 数字虽然属于第一层面，但它不仅仅涉及计算和测量，更重要的是在社会关系上、在法律生活上影响着人们。数字不仅在数学中具有它的特定意义，而且往往越过数学的界限，在数学以外发挥其引申意义。所以，探讨数字的法律意义，重心要放在数字在法律中的引申意义上。

一、法律文化中具有神秘色彩的数字

（一）创造数字比创造语言更难

在现代人看来，数字很简单，算不上什么重要发明。但在原始部落，发明数字并不容易，很多原始部落对"数"一无所知。生活在亚马逊河流域的一些原始部落直到现今都没有数的概念，连最简单的"1"在他们的文化中都不存在，你要问人家"几岁了"，那可是有意无意地在刁难人家。② 即便一些原始部落有了数概念，也往往在"1、2、3"之间徘徊，3以上的数字就变成了"许多""数不清"了。

数字与语言一样，都是人类创造的符号，但所有文化和族群都有语言，却不一定有数字。由此可知，创造数字比创造语言更难，因为数字更抽象。语言的产生重塑了人类的经验，塑造了人类的思维方式，成为思想传播的导线，使人类文化得到了飞跃式的发展。语言和文化是人类与其他动物区别的最显著特点。当然，从广义上来说，数字也属语言的组成部分。现今世界上使用的语言大部分都有表示精确数量的词语。不过，一些原始部落使用的语言完全没有表示精确数量的词语，甚至连表达数量1的词语都没有，如亚马孙河流域以狩猎和采集为生的毗拉哈人使用的语言就是如此。

人类经常把5、10、20这些基数词语作为构造其他数字词语的基础，因为这些词语与人的生理特点，如手指、脚趾有关。采用二进制数字系统族群

---

① 参见［西］约兰达·格瓦拉、卡尔斯·普伊格著：《丈量世界：时间、空间与数学》，孙珊珊译，中信出版集团2021年版，第4页。

② 参见［美］凯莱布·艾弗里特著：《数字起源》，鲁冬旭译，中信出版集团2018年版，第6页。

往往把关注的重心放在人的两只眼睛、两只耳朵、两个鼻孔、两颊上。当然，也有族群描述数量的词语是以亲属关系为基础的，如亚马孙河流域使用哈普语的族群，表达数量 3 的词语的字面含义为"没有兄弟姐妹"，而表达数量 4 的词语的字面含义为"有兄弟姐妹陪伴"。之所以采用这种数字系统，是与当地盛行的用兄弟姐妹换婚习俗有关。甚至有的族群使用的数字系统与甘薯的储存和摆放方式有关。① 在世界上存在的约 7000 种语言中，数字系统采用十进制的语言最多。表示较小数量的词语常以二进制为基础，表示较大数量的词语则以十进制为基础。除此之外，还有采用三进制、四进制、五进制、六进制、七进制、八进制、九进制、十二进制、六十进制的。

数字是区分数量的语言工具；没有数字这一工具，人们就看不到数量之间的区别。对于不识数的人，3 以上的物品数量是无法准确知晓的，对数量概念是无法精确思考的。

早在旧石器时代，人们已经有了数量概念。狩猎—采集族群与外界的联系越来越紧密，贸易活动越来越多，这就势必要对商品进行估价，数词变得更加有用。到了农业社会，由于灌溉、耕种需要复杂的技术，贸易规模也越来越大，数字系统发展得越来越高级。古代农业文明发达的地方数字系统毫无例外地都发达，人类文明的成就几乎都与数字系统有关，数字系统是大型文明存在的先决条件。没有发达的数字系统，大型文明就不可能发达起来。像古代的七大奇迹，即埃及胡夫金字塔、巴比伦空中花园、阿尔忒弥斯神庙、奥林匹亚宙斯神像、摩索拉斯陵墓、罗德岛太阳神巨像和亚历山大灯塔，以及中国的长城、大运河、秦始皇陵兵马俑等等许多人类的文明成就都离不开发达的数字系统；更别说在工业社会，机器的设计、建造和运转都与数字系统有关。所以，作为数学系统基础的数字，算得上一项重要的人类发明，它改变了人类生存和进化的环境，是人类文化成就的基石。没有相对发达的数字系统，大型文明就不可能出现，高级文明更无从谈起。

文字的发明是一种重大创新，而数字符号是创新的核心。在世界范围内，从古到今，发明的文字数量虽然不少，但独立发明的文字仅有不多的几次，

---

① 参见［美］凯莱布·艾弗里特著：《数字起源》，鲁冬旭译，中信出版集团 2018 年版，第 87-89 页。

分别发生于两河流域、埃及、中国和中美洲地区。而在这几种文字中，最早的文字范例大都以数字为中心。美索不达米亚人在发明文字的同时，就已发明了数字记账系统，甚至数字记账系统的发明比真正意义上的楔形文字出现的还要早。中国的甲骨文中记载了各种各样的数量。古代印度人发明了十进制计数方法，玛雅人发明了二十进制计数方法。可以说，在世界各地的考古发现中，数字符号比文字出现得更早。世界上最早的文字是美索不达米亚人发明的楔形文字，大约在公元前 3400 年前。而现今发现的一些数字符号的年限要比文字出现的年限早得多。如在法国出土的距今约 28000 年历史的瑟里尔遗址鸟骨，上面展示了一种简单的计数系统。在捷克摩拉维亚洞穴中出土的一块距今 33000 年历史的幼狼骨骼，上面留有 55 道痕，这是刻痕记数的证据。在南非和斯威士兰边界的莱邦博山脉，发现了一块距今 43000—44000 年之前的被称为莱邦博骨的狒狒腓骨，上面留有 29 道刻痕，用来记录月运周期。[①]

（二）早期的法律文化中充满了神秘数字

原始思维具有神秘意识，原始人认为世界万物充满神秘的关联，因此，人们发明的数字也具有神秘性，成为神秘数字（或巫术数字、模式数字）。神秘数字的出现是由于原始社会的人们是通过以具体表示抽象的原则，而不是从神话思维表象中抽绎出数字概念，因此，史前人类是借具象化形式来表达其观念意蕴的。数字本来具有计数、计算的功能，但神秘数字给数字添上了计数、计算以外的功能，也就是被赋予形而上学的蕴含，用来阐释"天命"与"人事"之间的关联性。几乎所有文明的初始，都有神秘数字。"人们给数字赋予了魔法的特性，用不合理的方式解释数字，试图从数字中读出上帝的旨意和世界的命运。"[②] "神话中的数是一种情感的载体，它是与人们生活密

---

① 参见［美］约翰·巴罗著：《天空中的圆周率——计数、思维及存在》，苗华建译，中国对外翻译出版公司 2000 年版，第 36-38 页；［美］凯莱布·艾弗里特著：《数字起源》，鲁冬旭译，中信出版集团 2018 年版，第 34-37 页。

② ［法］米卡埃尔·洛奈著：《万物皆数：从史前时期到人工智能跨越千年的数学之旅》，孙佳雯译，北京联合出版公司 2018 年版，第 30 页。其实，人们不但给数字赋予了魔法的特性，而且给文字也赋予了魔法特性。唐人张怀瓘所著《书断》说："古文者，黄帝史仓颉所造也。颉首有四目，通于神明，仰观奎星圜曲之势，俯察龟文鸟迹之像，采乎众美，合而为字。"西汉末年的《春秋元命苞》也称，仓颉造字，"天为雨粟，鬼为夜哭，龙为潜藏"。为什么会这样呢？唐代画家张彦远在《历代名画记》中说，有了文字之后，"造化不能藏其密，故天雨粟；灵怪不能遁其形，故鬼夜哭"。总之，早期社会的人类给一切文化都涂上了神秘色彩。

切相关的一个原始'实体'，它可以占命运、卜凶吉。"① 在世界范围内，数字的发展在人类创造神的过程中发挥了重要作用，人们发明的数字许多都具有神秘性，尤其是 10 以内的数字或者其倍数。

法律文化是文化中的重要组成部分，神秘数字也充斥于法言法语中。可以说，早期的法律文化中充满了神秘数字。在历史上，无论是中国还是外国，数字对法律文化的影响是深刻的，用来表达法律制度背后所蕴含的思想理念。在中国古代，"律典的篇目结构、罪名构成、条款数目、刑罚体系，司法实践中的法律适用、裁判理念，以及礼法制度、官制设计等，无不存在着一种显著的数字主义倾向"②。数字从一到十，都充满了神秘性，都具有法律含义。③ 对其不能从表面意义上解读，而要揭起神秘面纱，从宗教、人类学、社会学、政治学等角度来解读。比如数字 7，就是一个世界性的神秘数字。

在许多文化中，数字 7 表示生命的周期变化，具有周而复始、物极必反的意思。在基督教、佛教和伊斯兰教中，7 都被作为圣数。犹太教规定每到禧年（过七个安息年为禧年，即第五十年），给一切居民宣告自由；各种产业，包括土地，不可永卖，要离开买主的手，回归原主人；买来的奴仆及其儿女则宣告自由。④ 一个安息年是一个小周期，七个安息年则是一个大周期。在《圣经》中，还记载了上帝对违反诫命者的处罚："罪加七倍惩罚你们""因你们的罪击打你们七次""因你们的罪惩罚你们七次"。⑤ 犹太人、阿拉伯人从古到今习惯用"七"起誓，这是立约时的一个必要程序。罗马法规定，要有七位证人签字和盖章遗嘱方能生效。教会法规定，禁止第七层姻亲关系以内的人结婚。中国古代法律文化中也涉及数字 7，如休妻以"七出"为法定

①　高乐田著：《神话之光与神话之镜》，中国社会科学出版社 2004 年版，第 137 页。
②　杨立民：《论数字在中国古代法律制度中的意涵与功能及其现代启示》，《交大法学》2021 年第 4 期，第 95 页。
③　十以上的一些数字也具有神秘性，具有法律蕴含。参见何柏生：《法律文化的数学解释》，商务印书馆 2015 年版，第 360-388 页。
④　参见《圣经·旧约·利未记》"禧年""赎房地产的条例""赎回奴仆的条例"。
⑤　《圣经·旧约·利未记》"违反诫命者的刑罚"。

条件，天子以"七事"治国，大臣明"七教"以兴民德，等等。北魏时法律规定"拷讯不逾四十九"①。

在中国传统文化中，制度和法律有着显著的法天倾向，律学是"法天之学"。"除了'民心'以外，'天命'是统治者证明其政权合法性与正当性的主要方式，也是衡量其法律制度权威性和存在价值的重要标准。"② 在现代社会，数字的"经世务，类万物"的计算功能无疑是其主要功能，但在古代中国，数字的"通神明，顺性命"③的神秘功能成为其主要功能，而"法律则天"的重要路径依靠的是神秘数字。"刑以平情，征乎心；心者，人之主，世之极，天之道也。……明刑必本乎律天，天听高而体圆，故郊见乎圜丘。圆数六，奠极于五，故气至六而极。律历之数六，律乐之数六，故律刑之数亦六：六曹、六杀、六赃也。证灾祥于五星，审治忽于五音，而祥五刑、明五听，简五辞、服五罚、正五过，何一非极于五而正其失哉。……又况乎律本十二，乃欲以刑之六律概其全，且艳称为法天，为乘气，何重视乎刑而蔑视乎天？……等五刑而上之有刑焉，等五刑而下之有刑焉，不应重，不应轻，将得谓为刑之正耶！即推而极之，以至于加加者，致气盈也；贷而缩之，以极乎减减者，法朔虚也。"④ 中国古代帝王被称为"九五之尊"，就是对上天的敬重。唐代学者孔颖达解释曰："言九五，阳气盛至于天，故云'飞龙在天'。"⑤ 中国古代有许多与"九"有关的数字，如九鼎、九卿、九州等，都与敬天思想和皇权等级观念有关。

阴阳五行思想也影响了中国古代的法律文化。阴阳与五行最早是分开的，以后发展联系在一起了。"五行"一词在《尚书·洪范》中已经出现。五行是华夏先民宇宙观的重要组成部分，是比附思维的体现。五行思想表明事物之间具有互相联系、互相转化、相生相克的辩证关系。到了汉代，阴阳五行

---

① ［北齐］魏收：《魏书》"刑法志"，卷111，中华书局1974年版，第2874页。

② 杨立民：《论数字在中国古代法律制度中的意涵与功能及其现代启示》，《交大法学》2021年第4期，第97页。

③ ［南宋］秦九韶：《数书九章》，商务印书馆1937年版，"序"第1-2页。

④ ［清］王明德：《读律佩觿》，何勤华等点校，法律出版社2001年版，"本序"第1-7页。

⑤ 《周易》，杨天才、张善文译注，中华书局2011年版，第83页。

思想成了当时人们普遍的思维方式，用于解释宗教、政治、文化等等现象。史学家顾颉刚说："有阴阳之说以统辖天地、昼夜、男女等自然现象，以及尊卑、动静、刚柔等抽象观念；有五行之说，以木、火、土、金、水五种物质与其作用统辖时令、方向、神录、音律、服色、食物、嗅味、道德等等，以至于帝王的系统和国家的制度。"① 《河洛原理》曰："太极一气产阴阳，阴阳化合生五行，五行既萌，随含万物。"《说文解字》对"五"的解释是："五，五行也，从二，阴阳在天地间交午也。"② 《孝经·援神契》曰："圣人制五刑，以法五行。"《公白虎通义·五行解》记载："刑所以五何？法五行也。大辟，法五行之灭火；宫者，法土之壅水；膑者，法金之刻木；劓者，法木之穿土；墨者，法火之胜金。"这就是说，法律中的五刑是从五行思想中来的，先有五行后有五刑。神秘数字模式分为基本类型和引申类型。③ 五行无疑属于基本类型，而五刑则属于引申类型。

在中国历史的长河中，五刑的内容是不断发生变化的。先秦以前的五刑是墨、劓、刖、宫、大辟。隋唐后，五刑发展为笞、杖、徒、流、死。笞、杖、徒、流是"生刑"。唐律规定，每个刑种的等级是奇数，五等或三等，奇数为阳；而死刑只分绞、斩二等，"二"是最小的阴数，故而死刑被称为"阴刑"。所以，一个"五刑"，便把阴阳五行思想尽含括在内，这就是中国传统文化的魅力所在。解读这样的法律文化，没有深厚的文化背景知识是做不到的。

---

① 顾颉刚：《秦汉的方士与儒生》，上海古籍出版社 1998 年版，第 1 页。

② ［汉］许慎：《说文解字》，［宋］徐铉校，中华书局 2013 年版，第 309 页。

③ "中国古代神秘数字模式包括基本类型和引申类型。前者基于神话宇宙观的元语言范畴，后者则是在前者基础上生发的模式构型。……神秘数字基本类型的特点在于它们都具有基数性质，成为表达上古神话宇宙模式的载体，同时充当引申类型的生成前提。神秘数字的引申类型主要包括规制数字、占卜数字和宗教数字。所谓规制数字，是指将一定社会背景下的数字符号投射到王权架构、祭祀礼仪、文化现象中，形成不同的文化结构。形形色色的'人道六制'、祭祀礼仪的等级制度，都反映着某种权力意志，而'五典''七教'等组合，则将伦理规范落实于神圣的君臣关系。作为数字基本类型的衍生与变体，规制形式具有极强的生成性。占卜数字并不等同于数术，却以天文历算为本，基于'法天地，象四时'之道，属于借数字形式呈现的历算占卜符号。八卦则是占卜数字的突出代表。宗教数字是指儒释道文化中由神秘数字构成的宗教名目或术语，诸如'六道轮回''八大金刚'等名目，强化了宗教世界中弥漫一切的生成性力量。"参见田大宪：《中国古代神秘数字的历史生成与研究路径》，《社会科学评论》2009 年第 4 期，第 57-58 页。

由于神秘数字的出现，传统法律文化中的数字就带有神秘的色彩，不仅仅具有数学意义，而且具有哲学、宗教、人类学、社会学、历史学意义。所以，理解世界各国古代的法律文化中的数字，一定要具有宗教、哲学、人类学、社会学、历史学眼光，不能仅从字面意义上解读。因为神秘数字的出现是世界范围内的事情，不是某个文化、某个国家的事情。从中国古代法律文化来看，神秘数字对之影响与其他法律文化相比有过之而无不及，这就更需要用宗教、哲学、人类学、社会学、历史学的视角阐释中国传统法律文化。以往法学界在这方面关注不够，近一二十年关注的学者越来越多，人们对传统法律文化的解读便多了新的视角，加深了理解。

二、司法活动中具有判断证明力强弱的数字

(一) 司法实践中存在着广泛的概率思考

"使用数学方法量化证据，进而通过数学推理认定事实，是探索精细司法、实现公正司法的最佳途径。"[①] 这句话把数学在司法实践中的作用讲得非常清楚。

数学是不断发展的。世界史是从四大文明古国开讲的。美索不达米亚文明、古埃及文明、古印度文明以及中华文明，数学都有相当的成就。但是，四大文明古国的数学属于经验数学，数学的发展经验在其中起了决定性作用，结论大多没有经过演绎证明。而古希腊的历史虽然短，但数学的发展却独树一帜，采用演绎法研究数学，使数学成为一门严密的科学。演绎法是古希腊数学家给数学的最大贡献，从此，演绎法成为数学的特有方法，也成为法庭证明的重要方法。到了 17 世纪，随着解析几何、概率、微积分等数学分支的出现，代数重新引起人们的重视，数字的作用日益显得重要。对法律影响大的数字除了神秘数字外，还有概率。概率研究的是不确定性问题。应当说，概率论诞生的时间非常早，但成为一门学科却比较晚，直到 20 世纪 30 年代，

---

① 梁权赠：《用数字证明：从周文斌案的概率分析说起》，《证据科学》2015 年第 4 期，第 475 页。

柯尔莫哥洛夫构造了概率论的第一个公理定义，概率论才形成一门数学学科。

学界公认，帕斯卡是较早研究概率演算的学者。一位赌徒向帕斯卡提出一个赌场中出现的问题，帕斯卡从理论上予以解决。所以，概率论是一门开始于研究赌博机会的科学，显得不是那么高雅。但真正的概率论是建立在测度论基础之上，这是定义概率的关键，标志着概率论的正式诞生。

表达概率的数字介于 0 和 1 之间，概率为 0 表示"不可能""假"，概率为 1 表示"必然""真"。通常情形下，概率评价都取值于 0 和 1 之间。由于概率是对不确定现象发生可能性的度量，所以，在一定条件下，信念度越高，概率值越大。可以看出，概率是离不开数字的。"法律也使用概率，而且实际上属于最早运用概率语言的学科。"① 无论中外，法律中使用概率的地方非常多。《美国宪法第四修正案》规定："除依照合理根据，以宣誓或代誓宣言保证，并具体说明搜查地点和扣押的人或物，不得发出搜查和扣押状。"在这里，"合理根据"就采用了概率语言。"合理"意味着不是确定性，是一种盖然性的证成。

法律以追求确定性为目标，但在现实社会里，风险和不确定性却随影相随。随着全球经济一体化程度愈来愈高，进入互联网社会的人越来越多，人与人之间的交往越来越频繁，越来越紧密，人们在社会中的安全性不是变得高了，而是越来越无从把握。不可预测的黑天鹅事件层出不穷，有时针对的是社会，有时针对的则是个人。风险和不确定性对以追求确定性为目标的法律冲击是巨大的。这是因为，"现代法律本身带有一种决定论的特征。在 16 世纪的欧洲，学者们考虑合理化问题时所依据的模型，与其说是科学，不如说是法律。因为近代科学发展的过程中强调自然法则，而自然法则的前身是自然法，近代科学试图通过严密的理由论证找出一个正确的答案与既定的秩序。从这个意义上讲，近代法律的思维方式确实与近代自然科学的思维方式有相似之处"。② 牛顿是近代最伟大的科学家，而对近代科学影响最大的是牛

---

① ［美］罗纳德·J. 艾伦著：《司法证明的性质：作为似真推理工具的概率》，汪诸豪等译，《证据科学》2016 年第 3 期，第 367 页。

② 季卫东：《法律与概率——不确定的世界与决策风险》，《地方立法研究》2021 年第 1 期，第 2 页。

顿力学，牛顿力学体现出了决定论的思维方式。牛顿力学对社会的影响是全面的，当然也包括法学；所以，法学的决定性思维在科学的影响下更加强化。但在 19 世纪 20 世纪之交，法学的决定性思维受到严重冲击，强调法律形式化特征的思潮遭到批判，在审判中强调经验、正义感、习俗的主张影响越来越大。诉讼程序虽然是确定的，是法律明确规定的，但当事人所追求的诉讼结果却是不确定的，取决于各种因素，具有盖然性。法庭诉讼上的因果关系不同于事实上的因果关系，证明本身具有盖然性。总之，司法实践中存在着广泛的概率思考，不管是法官、检察官、公安人员，还是原告、被告、律师，都要进行概率计算，离不开数学头脑，离不开数字。

(二) 在司法证明的各个环节中均要运用概率

发生在 1894 年著名的德雷福斯案，在审判过程中就曾运用概率作为证据证明德雷福斯有罪；同样，也曾运用概率作为证据证明德雷福斯无罪。由于德雷福斯案闻名于世，所以，该案运用概率定罪也就非常有名。德雷福斯是一位犹太人。历史上，犹太人广受欺凌，日子过得非常艰难。法国上尉德雷福斯被诬陷，说他向德国提供备忘录，出卖军事机密，遂以间谍罪被捕。在军事法庭上，笔迹专家不认为备忘录是德雷福斯写的，说德雷福斯无罪，但法国政府却执意要判德雷福斯的罪，任命阿尔方斯·贝尔蒂隆调查此事。贝尔蒂隆认定字条是德雷福斯写的，看起来像故意伪造的。贝尔蒂隆又根据相同备忘录中多音节词笔画的相似之处用概率判定德雷福斯有罪。贝尔蒂隆"声称任何两个相同单词的开头或结尾笔画相似的概率是 1/5。……在 13 个相同的多音节词的 26 个开头和结尾处发现 4 个巧合的概率是 1/5 的 4 次方，约为万分之十六"。[①] 贝尔蒂隆认为这不是巧合，而是精心策划的结果。他的观点说服了陪审团，德雷福斯被判有罪，终身监禁。贝尔蒂隆错误地运用了概率，但陪审团、法官、包括律师并没有发现其错误之处。10 年后，一位大数学家发现了其错误，这就是亨利·庞加莱。庞加莱是 20 世纪最杰出的数学家之一，是一位数学全才，几乎在数学所有分支领域都有深厚造诣。庞加莱发

① ［英］基特·耶茨：《救命的数学》，江天舒译，中国出版集团 2020 年版，第 69 页。

现贝尔蒂隆计算的是 4 个单词中出现 4 次巧合的可能性，而不是 13 个相同单词的 26 个开头和结尾组成的集合中出现 4 次巧合的可能，前者当然可能性更低。贝尔蒂隆发现的 4 次巧合同时出现的真实概率大约是 18%，比他用来说服陪审团的数字大了 100 多倍，实际上找到 4 个或更多巧合的概率约为 80%，找到贝尔蒂隆认为"不寻常"的巧合的数量远比找不到它们的可能性大得多。① 贝尔蒂隆运用概率把不精通概率的陪审团、法官糊弄了，但在精通概率的庞加莱这里却原形毕露。庞加莱用概率计算最终为德雷福斯平反提供了强有力证据。所以，法庭也是数学家驰骋的场地。

从德雷福斯案可看出，概率运用得好也不容易，经常有人在法庭上错误运用概率，造成冤假错案。对数字的错误解释司空见惯。一般来说，错误地运用概率、运用数字只有两种可能：不是对数字无知，就是有意欺骗。所以，对于司法人员和律师乃至当事人，精通概率知识是必要的，因为在司法证明即运用证据认定案件事实的过程中，证明力、证明标准、事实认定等各个环节均要运用概率。证明力是指证据对案件事实的证明作用与效力的大小强弱的状态或程度。证据对案件事实都具有证明作用，但每一证据证明作用力的大小是不同的，证明力有强有弱。证据与事实的相关性越强，证据的证明力越强。在法律庭审活动中，每一司法人员都对证据进行审查，以判断证据的证明力强弱。对证据证明力强弱作定量分析，这属于概率问题。"案件事实清楚，证据确实、充分"是我国诉讼法规定的证明标准。一般来说，刑事诉讼的证明标准比民事诉讼要高，"高度盖然性"成为民事诉讼的证明标准，而"排除合理怀疑"成为刑事诉讼的证明标准。行政诉讼的证明标准比民事诉讼要高，比刑事诉讼则要低，处于中间地位。虽然三大诉讼法对于证明标准要求不同，但都具有不确定性，都是在可能与不可能之间作盖然性衡量（证据确凿的是极少数案件）。美国把刑事诉讼证明标准分为七个等级，即"有罪的确定证明"（第七级）、"超出了合理怀疑的证明"（第六级）、"清楚的证据"（第五级）、"优势证据"（第四级）、"可能性理由"（第三级）、"合理根据"

---

① 参见［英］基特·耶茨：《救命的数学》，江天舒译，中国出版集团 2020 年版，第 69—70 页。

（第二级）、"无明显证明"（第一级）。① 司法证明无法做到精确性，一般案件能做到高度盖然性就不错了。美国刑事诉讼证明标准的七个等级，即从第七等级到第一等级，概率由高到低不断降低，都是由数量可以大致衡量的。事实认定是一种查明案件事实真相的认识活动。对司法人员来说，案件事实发生在过去，甚至多年以前，司法人员不可能身临其境地直接感知，只能依靠掌握的各种证据查清以往的案件事实。所以，没有证据就无法认定事实，证据是认定事实的基础。司法人员对事实的认定是通过分析证据完成的，而司法人员的认识具有局限性，不可能对案件事实有一个客观的还原，对案件事实的认识只能用概率来把握其可能性的大小，在可能与不可能之间作盖然性衡量。

对证据的赋值是司法证明的关键。司法人员会把每个证据证明力的大小转化成数量问题，然后通过概率对案件作出判定。所以，民事案件中各方提供的证据需达到优势证据的程度，即可能性大于 0.5，这样的证据证明力才强；刑事案件中检控方提供的证据需达到排除合理怀疑的程度，可能性远大于 0.5。众多的证据，在司法人员心目中都变成了不同的数字，对案件的判定变成了对数字的加减。

（三）司法鉴定活动中运用概率情况

司法鉴定活动中也常运用概率。DNA 是一种生物证据技术，是每个公民的"身份证"，在司法活动中显得越来越重要。近几年，我国公安机关利用 DNA 生物证据技术破获了不少发生在二三十年前的积案，如白银连环杀人案、南医大奸杀案、湖州旅馆灭门案。DNA 生物证据技术大显神通，成为国际社会司法机关的宠儿。有科学实验报道："140 亿个人中才可能会出现一个人的 DNA 特征与另一个雷同，由于现在人数总数离 140 亿相差甚远，两个人的 DNA 特征雷同的理论几率为零，因此该技术实际上是利用 DNA 多态图像进行个体识别的方法。"② 即使是孪生兄弟，DNA 的相似概率尽管非常高，但绝不

① 李一枝：《评析归纳概率推理在司法证明中的作用》，《贵州工程应用技术学院学报》2017 年第 2 期，第 62 页。
② 文盛堂：《论 DNA 证据技术及其法治功能的实现》，《国家检察官学院学报》2004 年第 5 期，第 107 页。

可能是 1（DNA 完全相同），所以，概率仍然在 DNA 生物证据技术中起着作用。

DNA 证据技术除了在刑事案件中用来做鉴定外，还在诸多法律事务中起作用，如亲子鉴定、寻找失踪人、订立遗嘱、确认继承、保险索赔等。目前，许多国家都建立了 DNA 数据库，许多悬案得到破解，许多被拐卖儿童得以团圆，许多遗嘱得以确认，许多冤案得以昭雪。据美国联邦调查局官方报告指出："自 1989 年以来约有 10000 例性侵犯案件，其中约有 2000 件没有定论（通常缺乏足够的高分子 DNA 来进行检测），约有 2000 例检测排除了首要的犯罪嫌疑人，还有大约 6000 例检测与首要犯罪嫌疑人的 DNA 相匹配。……当地执法部门与检察官们认为他们掌握了对强奸犯的定罪量刑，但许多年以后由 FBI 或私人实验室进行检测的 DNA 证据却证明错误率一直大约为 25%。"[①] 我们知道，美国在保障犯罪嫌疑人人权方面在全球各国中应当是不错的，刑讯逼供很少；即便这样，在 DNA 检测技术使用之前，强奸案件错误率竟高达 25%，着实令人震惊。由此可知，DNA 证据技术在对真凶身份识别问题上所起作用是多么的大。我国于 1985 年开始研究 DNA 证据技术，1999 年开始建立罪犯 DNA 数据库。现在，DNA 作为证据在国内国外其地位日益重要，这也是数字（概率）对法律重要影响的一个方面。

三、互联网时代具有实现正义、开启新型民主的数字

（一）互联网时代实现正义的数字

1. 数字正义是互联网时代的产物

正义是至高无上的，是社会制度的首要价值，是社会秩序中的最高规范。任何法律只要违背正义，迟早会被人们抛弃。改革开放 40 多年，在经济上虽然富裕了，但公平正义价值的实现程度人们仍觉不够满足。目前，我们这个

---

① ［美］吉姆·佩特罗、南希·佩特罗著：《冤案何以发生——导致冤假错案的八大司法迷信》，苑宁宁等译，北京大学出版社 2012 年版，第 148–149 页。

社会人们最渴望的就是正义。凤凰网曾进行过一次大调查，81.7%人认为我们这个时代最缺乏的精神是正义。① 正义是法的先导，从正义观念产生之日起，正义就成为法发展的灵魂。所以，无论是立法、司法还是守法，每一个环节，正义观念都自始至终贯穿其中。

在互联网时代，人们交往更加频繁、密切，人们对正义的渴望更加迫切。以往由于信息不灵通，人们对自己受到的不公平待遇还不清楚，认识不够，但在互联网时代，万物互联，人们相互之间的了解比过去更多，对公平正义的攀比程度更高。而在数字时代，由于信息技术的发达，人们实现正义的途径更为多样，甚至更容易抵达正义的彼岸，数字正义就是例证。

数字正义是互联网时代的产物，而互联网时代是建立在数字技术基础之上的。数字技术与电子计算机相伴相生，离开了电子计算机数字技术就无从谈起。而二进制数字 0 和 1 是计算机进行运算、加工、存储、传送、传播、还原信息的基础。只要能把信息资源的传统形式转化为计算机能够识别的二进制编码技术，就实现了数字技术。可以说，数字时代是建立在 0 和 1 这两个数字之上的，是电脑引发了数字革命。数字的进制虽然多样，但几千年以十进制最为辉煌。谁也没想到，进入 20 世纪，由于计算机的出现，被人们淘汰了的二进制竟然变了个花样，以 0 和 1 的模样出现（以前是 1 和 2），给人类带来了一个全新的时代。数字计算机的一切运算和功能都是用数字来完成的，数字化是数字计算机、多媒体技术、信息社会、智能技术的基础。

目前，数字技术已经全面地介入到社会生活的方方面面，进入了我们赖以生存的世界，一切都被数字化了。数字化离不开数据，每个人都是数据的生产者和消费者。数据成为一种新型的生产要素，能为社会提高全要素生产率，引起产业变革。数字化带来了生活方式和生产方式的深刻变革。在提升国家治理体系和治理能力现代化水平方面，数字化治理卓有成效，不少地方已经利用人工智能、云计算、大数据、区块链等技术手段实现了在政府治理、服务等方面的数字化改革。

---

① 参见周濂著：《正义的可能》，中国文史出版社 2015 年版，第 115 页。

2. 数字正义是传统正义观在互联网时代的转型和发展

那么，什么是数字正义呢？"数字正义是传统正义观在数字时代的转型和发展，是人类发展到数字社会对公平正义具有更高水平需求的体现，是数字社会司法文明的重要组成部分，也是数字司法的最高价值目标。因此，只有通过对数字司法良性建设，才能更好地实现数字正义。"① 由于数字化带来了生活方式、生产方式和治理方式的深刻变革，所以，数字正义有助于实现更高水平的公平正义，人们对它的期望值更大。在立法、执法和守法各个环节，数字正义都会实现。而且，通过数字，能够表明我们这个社会是如何实现正义的。

正义是法律永恒的追求，是衡量法律好坏的标准，而现代文明社会中的法律本身就代表着正义。法律能否保护人权是现代社会法律是否文明的试金石，因为人权是人作为人的基本权利，是使人成其为人的权利，是使人成为有尊严的人的权利。"如果法律有意识地否认追求正义的意愿，例如任意的同意或者拒绝赋予人们人权，那么法律就缺乏有效性，那么民众也就没有义务来服从这些法律，那么法学人士就必须鼓起勇气来否定这些法律的法的特性。"② 而在数字社会，对人权的保护比过去更加有力，更加全面。一些学者甚至提出了"数字人权"的概念，"把对数字科技的掌握和运用奉为'权利'并将其归属于'人权'，提炼出'数字人权'概念"③。研究人权的学者曾经将世界范围内人权形态划分为第一代人权、第二代人权和第三代人权，"数字人权"被称为第四代人权。④ 以往的人权观念建立在自然人基础之上，而现在的人权观念一定程度上建立在数字化的信息人基础之上。1946 年联合国通过

---

① 卞建林：《立足数字正义要求，深化数字司法建设》，《北京航空航天大学学报（社会科学版）》2022 年第 2 期，第 24 页。

② ［德］拉德布鲁赫著：《法哲学》，王朴译，法律出版社 2005 年版，第 225 页。

③ 张文显：《无数字，不人权》，《北京日报》2019 年 9 月 2 日，第 15 版。

④ 当然，数字人权是否第四代人权存在争议，如刘志强教授就不赞成，认为数字人权属于第三代人权的范畴，难以构成代际革新，只属于在人权内容上的增量。数字人权不具备人权本质、道德基础，缺乏宪法的规范基础。当然，徐显明教授认为第四代人权是和谐权，试图"以和谐精神超越传统三代人权的对抗精神"。参见刘志强：《论"数字人权"不构成第四代人权》，《法学研究》2021 年第 1 期，第 20 页；邵建：《何谓"第四代人权"？》，搜狐网，http://news.sohu.com/20061125/n246609360.shtml，2022 年 4 月 23 日访问。

的第 59 号决议指出："获取信息的自由是一项基本人权，也是联合国治理维护之一切神圣自由的基石。"现在，社会已经进入信息社会，信息的主要特征体现为数字化、网络化、可视化和智能化。数字人权"以数据和信息为载体，展现着智慧社会中的数字化生存样态和发展需求的基本权利，具体包括数据信息自主权、数据信息知情权、数据信息表达权、数据信息公平利用权、数据信息隐私权、数据信息财产权等。其目标不再局限于以往的反压迫、反特权、反权力控制，而是旨在反技术霸权、反数据信息控制，努力来消解和应对信息鸿沟、侵犯隐私、算法歧视、监控扩张、知情权障碍等诸多人权难题与挑战。"① 数字人权实现了人权品质和人的自主性的极大提升，推动了数字正义的发展，使更高水平的公平正义得以实现。

在立法过程中，利用互联网可以快速而广泛地征集立法建议。现在许多立法机构都在网络上设置专栏，面向公众征集立法建议。当然，有的立法部门做得比较好，有的做得差一些。立法机构把法律草案通过官网向社会公布征求意见已经成为常态。如中国人民银行起草了《中华人民共和国中国人民银行法（修订草案征求意见稿）》，发布到网站上，向社会公开征求意见，公众可以通过电子邮件、信函、传真方式将意见发送至起草部门。② 与公众生活密切的法律草案，公众踊跃参与，征求到的修改意见特别多。如《民法典·婚姻家庭编》草案征求到的意见就非常多，198891 位社会公众从网上提出的意见达 237057 条，群众来信 5635 封。③ 在数字时代之前，只有个别重要法律草案（如《宪法》）才会在报刊上刊出，征求公众意见，一般法律草案是"享受"不到这种待遇的。但在数字时代，所有的法律草案都有条件公之于众，征求公众的意见。事实上，立法机关的开放透明已经成为中国各地立法机关透明度指数评估指标体系，是建设法治国家的重要指标体系。学者刘雁鹏 2019 年通过省、市、自治区人大常委会门户网站对 31 个省、市、自治区

---

① 马长山著：《迈向数字社会的法律》，法律出版社 2021 年版，第 140 页。

② 《央行就〈中国人民银行法〉（修订草案征求意见稿）公开征求意见》，新浪财经，https：//finance. sina. com. cn/china/bwdt/2020～10～23/doc～iiznezxr7713575. shtml，2022 年 4 月 23 日访问。

③ 参见梁晓辉：《走过 2019，中国立法机关更加开放透明》，新浪网，https：//news. sina. com. cn/o/2019～12～29/doc～iihnzhfz9046214. shtml，2022 年 4 月 23 日访问。

人大常委会立法公开情况进行了评估，评估设置立法工作信息公开（权重20%）、科学立法信息（权重30%）、民主立法信息（权重30%）和立法优化信息（权重20%）四项一级指标。四项指标平均分分布在50~60之间。这说明，在数字时代，我国31个省、市、自治区人大常委会立法公开情况做得还不够好，许多地方需要提高。但可喜的是，27家人大常委会设置了立法草案征求意见专栏（占比87.10%），为民主立法、科学立法创造了条件。[①] 要使法律符合正义，民主立法、科学立法最为关键。制定法律的过程是一个博弈的过程，广大公众能够参与立法无疑使广大公众成为博弈的重要一方，所制定的法律不可能无视广大公众的声音。数字时代为制定出符合广大公众意愿的、正义的法律提供了条件。以往在人数很少的城邦国家才能实现的广大公众参与立法的事情如今在14亿人口的中国已经实现了，这就是数字时代给人们带来的好处。

3. 数字技术为纠纷的解决提供了新的方式

随着互联网时代的到来，在司法过程中，数字技术为纠纷的解决提供了新的方式。由于互联网的飞速发展，网上购物、网上签约不断增加，在线纠纷的数量大幅度上升，传统的法院是无法应对这种爆炸式增长纠纷的。比如，2021年的"双十一"天猫交易额5403亿元、京东交易额3491亿元，两大电商交易额总计8894亿元。[②] 如此大的成交额，发生的纠纷绝对数不会少。倘若这些纠纷都由法院处理，无论人力、财力都应付不过来。所以，需要新的适应互联网发展的纠纷解决机制，于是，互联网法院、在线纠纷解决机制应运而生。2017年6月26日，中央全面深化改革领导小组审议通过了设立杭州互联网法院的方案。这是全国第一家集中审理涉网案件的试点法院。杭州互联网法院依托互联网技术，诉讼程序全部在线化，当事人一次都不用跑即可完成诉讼，方便了群众，降低了诉讼成本，提高了效率，实现了公正。目前，

---

① 参见刘雁鹏：《中国人大立法透明度指数报告（2019）——以省级人大常委会网站信息公开为视角》，《人大研究》2020年第3期，第45-48页。

② 《电商"双十一"成绩单：天猫交易额5403亿元、京东3491亿元》，证券之星网，https://finance.stockstar.com/IG2021111200005473.shtml，2022年4月23日访问。

在北京、广州相继增设了互联网法院。相信，在不长的时间内，全国许多地方都会设立互联网法院，方便数字时代的纠纷解决。

互联网的兴起不仅促使互联网法院的出现，新的线上纠纷解决机制也产生了。eBay 平台上的纠纷解决系统就非常成功。eBay 是美国一家线上拍卖及购物网站，每年 eBay 平台系统解决的交易纠纷高达 6000 万宗。eBay 线上纠纷解决系统采取两种形式解决纠纷，一种是无第三方介入的结构化线上谈判，一种是 eBay 员工主导的线上裁决流程。[1] 我国的电子商务企业阿里巴巴制定的交易争议处理规则也非常成功，每年巨大的交易量产生的海量的交易纠纷通过公司制定的交易争议处理规则顺利化解，纠纷到法院解决的很少。"模糊的法律规定确实会导致纠纷的产生，不过实际上大部分的纠纷只是因为沟通不畅、数据使用不当，或者数据的恶意使用才产生的。尽管 eBay 确实会遇到一些诈骗或欺诈销售的案件，然而 6000 万起纠纷中绝大多数仅仅是因为出现意外或者沟通不畅。"[2] 正因为大多数纠纷是由于"出现意外或者沟通不畅"引起的，恶意引起的纠纷甚少，所以，网络平台系统处理纠纷系统才会比较成功，大量的纠纷不用到法院就可解决。线上纠纷解决机制在提高效率的同时，也提升了公平，促进实体正义和程序正义的双重实现。这也是数字正义比传统的正义观念更为进步之处。

目前，在我国浙江诸暨市"枫桥经验"原发地枫桥镇已经创立了"网上网下无缝对接、矛盾纠纷网上解决、正面力量网上凝聚、消极因素网上消解的基层社会的网络治理经验"，[3] 被中央政法委称为"网上枫桥经验"。这种"网上枫桥经验"现已在全国不少地方推广。

建立在 0 和 1 二进制基础之上的数字技术，改变了我们的生活，改变了我们的思维，更重要的是改变了我们的正义理念，从法律上来说是一大进步。

① ［英］理查德·萨斯坎德著：《线上法院与未来司法》，何广越译，北京大学出版社 2021 年版，第 98 页。

② ［美］伊森·凯什等著：《数字正义：当纠纷解决遇见互联网科技》，赵蕾等译，法律出版社 2019 年版，第 23 页。

③ 汪世荣等著：《"枫桥经验"：基层社会治理体系和能力现代化实证研究》，法律出版社 2018 年版，第 332 页。

当美国学者伊森·凯什发现数字与正义之间的联系时，提出了数字正义理论，对此，我们应当积极的欢迎，热烈的拥抱。数字正义拓宽了正义的实现途径，使正义更易实现。政治制度决定了司法守护什么样的公平正义，而现阶段的数字科技水平则决定了司法如何守护公平正义。

（二）开启新型民主的数字

1. 数字民主开启了民主的新形式

互联网时代带来了数字正义，也开启了数字民主的时代。所谓数字民主，也称电子民主、网络民主，指在大数据、互联网、人工智能、区块链等科学技术基础上形成的一种新型的民主。

科学技术的进步会促进民主的进程。在世界历史上，曾多次发生过这样的事情。如印刷机、蒸汽机的发明，广播、电视的出现，都曾极大地推进了民主的进程。以互联网引领的数字时代，宣布民主的春天到来了。因为"因特网正在重构政治影响力、拓宽公共空间、提升政治参与，使公民涉足那些之前对他们封闭的政治活动，并且挑战传统精英们的垄断"[1]。可以说，因特网是最为民主化的发明，超过了以往的任何一次发明。据统计，2021 年全国互联网上网人数 10.32 亿人，其中手机上网人数 10.29 亿人，互联网普及率为 73%。[2] 在历史上，从来没有任何一种技术让这么多的人参与进来，人人都有政治表达的机会，都可参与公共讨论，实现了多元化思想共存的局面。

数字民主开启了民主的新形式。1995 年，美国学者马克·斯劳卡（Mark Slouka）提出了"网络民主（cyberdemocracy）"一词，标志着网络民主理论（或数字民主理论）开始兴起。在民主生活中，政治参与最为关键。古希腊城邦国家人口不多，城邦公民实行直接选举，但在现代社会，盛行代议制民主。代议制民主限制了公民的政治参与热情，使许多公民不能直接参与民主活动。而且，代议制民主歪曲民意、低效率、腐败等问题使普通老百姓对其越来

---

① ［美］马修·辛德曼著：《数字民主的迷思》，唐杰译，中国政法大学出版社 2016 年版，第 7 页。
② 参见《中华人民共和国 2021 年国民经济和社会发展统计公报》。

不满，数字民主正好弥补代议制民主的缺陷。

数字民主具有直接性，公民不需要代表代替自己行使权利，利用网络平台就可行使自己的权利，自由发表政见。数字民主依赖于网络技术，网络技术开辟了民主参与的新途径，为实现直接民主提供了技术上的支持。互联网拉近了人与人之间的距离，人们的交流不受地域的限制。人们从网络上可以获得更多、更有效的信息。尤其在 5G 时代，手机普及率很高，上网非常方便，从网络上得到的信息更迅捷，看到的人更多。现在政府的许多讯息都通过网络渠道发布，即使有些人出于种种原因想封锁信息也无法做到。在代议民主制下，官员垄断信息，选民对信息的知悉非常有限，即使在广播电视发达的 20 世纪，选民对信息的知悉也是有限的。但是，网络技术改变了一切。互联网信息储存量大、高效、快速，信息交换不受空间限制，官员想要垄断信息非常困难。

数字民主具有平等性，公民不论身份如何，都可自由发表意见。在网络上问政时，任何公民也可自由向政府官员发问。以前，普通公民向政府官员直接发问的机会很少，但在网络时代，这种机会越来越多。普通公民甚至在网络上可以与国家领导人进行交流，提出治国的对策建议。①

数字民主具有廉价性，公民坐在家里，不需千里迢迢去省城、首都等地方，就可以行使自己的民主权利；也不需上街宣传自己的政治主张，在网络上就可把自己的政治主张宣告天下。以往行使自己的民主权利、发表自己的政治主张所费不赀，许多人因经济原因而放弃；现在则花费不多，甚至无须花费（如发送电子邮件，在自己的微信群发表宣言、竞选纲领等）。②

---

① 《胡锦涛通过人民网与网友在线交流（实录）》，搜狐网，http://news.sohu.com/20080620/n257627236.shtml，2022 年 5 月 6 日访问。

② 以往进行竞选活动或宣传自己的政治主张离不开主流媒体，而影响大的电视、广播、报刊这些媒体收费不少，一般人根本掏不起这笔钱。现在的博客、微信发表政见不但方便，而且影响也不小，一些著名的博客、微博其影响已经不亚于传统媒体，如美国排名前十几位的政治博客与美国著名的传媒《纽约时报》《时代》《新闻周刊》的读者人数不相上下（参见［美］马修·辛德曼著：《数字民主的迷思》，唐杰译，中国政法大学出版社 2016 年版，第 5 页）。而在我国，作家韩寒的博客影响也非常大，一篇文章的点击率动辄上百万次，影响一点不亚于许多著名媒体。韩寒的博客虽然不能说是政治博客，但"干预生活"也是许多博文的主旨，著名的"韩三篇"（《谈革命》《说民主》《要自由》）就是政论文章。遗憾的是，韩寒已经好久没更新过博客了，甚至博文已经点不出了。

2. 数字民主挑战少数服从多数民主原则

少数服从多数是民主的基本原则，也是中国共产党的一项组织原则。没有少数服从多数就没有民主集中制。为什么要"个人服从组织、下级服从上级、全党服从中央"，是由于"组织""上级""中央"代表多数、代表全局利益，体现的是少数服从多数民主原则。在历史上，"多数——种族的、宗教的或仅仅数量的多数——事实上一直在迫害少数派，有时甚至到了灭绝少数的地步。今天这种做法（非洲十分突出，但世界其他地区也有）是以多数统治的名义，因此不言而喻，也是以民主的名义干出来的"①。但少数服从多数这一民主原则仍然在世界各地通行，因为在任何社会，群体的意见都不可能完全一致；因追求的利益不同，群体的意见就会不同，这样，在群体中出现少数、多数再正常不过了。通常情况下，多数人的智慧要胜于少数人；而在民主社会中，总要有一个处事原则，少数服从多数自然就上升为这样的一个处事原则。这样的处事原则当然在处理许多事情时起过积极作用，但从历史上看，所起负面作用也不少。虽然保护少数早已引起现代社会的关注了，但毕竟无法脱离少数服从多数这一民主原则。好在数字时代开启了，数字民主到来了，少数服从多数这一民主原则遭到了冲击。

《第三次浪潮》的作者阿尔文·托夫勒在该书中说，多数统治原则是第二次浪潮时代最重要的原则。多数统治原则意味着为穷人谋福利，因为在第二次浪潮时代穷人占多数。而在第三次浪潮时代，穷人已成少数（当然这指的是发达国家），富人人数显得更多。在这样的国家内，多数统治不再合乎人性、合乎民主，不足以构成一个合法的原则。我们需要为这样的民主设计新方法：以显露差异为主，提高少数团体的地位，准许它们形成多数力量；不再采取简单的是非选择，而要列出多种选择答案；融合多数统治和少数统治，在信息社会实现"迷你多数主义"②。在传统选举过程中，阿尔文·托夫勒为民主设计的新方法是无法实现的，但在数字时代，这些新方法轻而易举地就

---

① 参［美］乔·萨托利著：《民主新论》，冯克利等译，东方出版社 1998 年版，第 34-35 页。

② 参见［美］阿尔文·托夫勒著：《第三次浪潮》，黄明坚译，中信出版集团 2018 年版，第 437-444 页。

会做到。网络使民主程序变得完善、精密，变出新的方式方法。这就意味着少数服从多数原则不仅在现实生活中遇到了困难，而且从技术上也能妥善解决。当然，就目前来说，数字时代能在一定程度上弥补少数服从多数原则的缺陷，要完全替代这一原则或者在合理性上宣判这一原则死刑为时尚早。毕竟步入数字时代的时间太短，而且相当多的人尚未融入数字时代，贸然丢弃少数服从多数原则副作用只会更大。

3. 数字民主运用数字技术更易了解民情吸纳民意

在现代社会中，人民是国家的主人，政府的所作所为都应为人民办好事服好务。所以，了解民情吸纳民意也是民主社会题中应有之义，是各级政府每个公务员的必修课。"民意，即人民群众共同的心声或意愿。民意的广泛形成与有效表达，既是人民群众不断提升民主意识的过程，又是充分体现公民权利的自主行为。对民意的分析、判断能力，可直接反映出一个执政党的执政理念及政治敏锐度；对民意的理解及顺应程度，可直接判定出一个执政党的执政能力及执政根基。"[1] 在数字时代，利用新技术了解民情吸纳民意更为方便。没有互联网的年代，民意很难上达，尽管有广播、电视、报刊等媒体，但民意都要经过编辑的筛选。由于许多人虽然被侵权、被冤枉，但在程度上又不及他人，所以这些被侵权、被冤枉的人连上媒体的资格也不够，只能继续遭受被侵权、被冤枉的命运。在网络时代，这些被侵权、被冤枉的人既可以把自己遭受侵权、被冤枉的事实诉之网民，也可以诉之有关部门。而网络社会，由于舆情容易发酵，造成大的社会影响，有关部门也会认真处理。"没有互联网，民众的舆情就不会通过网络表达出来；没有大数据，这些网络舆情也得不到收集和处理；没有人工智能，这些收集和处理的网络信息就达不到可用的高精度。"[2] 总之，民情民意，在网络时代，政府部门、企事业单位、社会团体等等，都会对之更加重视，更加精心搜集。

---

① 王大超：《群众路线视角下的民意、民主和民生》，《光明日报》2014年10月9日，第16版。
② 佟德志：《当代西方数字民主的导向问题》，《中国社会科学报》2021年12月24日，第A06版。

四、大数据时代使无用变得有用的数字

（一）数据治理是加强数字政府建设的关键

人们在很早时期就开始使用数据了，但在很长时期里对数据的重要性认识不够。尤其在中国，历史上缺乏"数目字管理"，缺乏量化考核的手段和工具，致使管理水平长期落后，经济发展停滞不前。美国传教士雅瑟·亨·史密斯在中国生活了54年，对中国人的国民性有深切的认知："实际上，中国人完全能够像其他民族一样，学会非常精确地对待一切事物。因为他们有着无限的耐心，他们甚至可以更加精确地对待一切事物，然而有一个事实我们必须指出来，他们目前对精确不重视，甚至不知道什么是精确。假如这一看法是正确的，那么我们就可以推断出两个结论：一、在考查中国历史档案时，必须考虑到中国人漠视精确这一特性。所以，我们在采用中国人所提供的数字和数量往往会受骗，因为他们从来没有考虑到精确。二、我们必须对中国人提供的所谓'统计数字'保留很大的余地，因为这只是他们抬高自己的权威性的各种材料而已。整体不可能大于部分之和，可是，中国人的统计数字恰好相反。"[①] 即使在现代社会，中国人对数据也不是太重视，学者写论文广泛引用数据的实证研究不太多（从20世纪90年代后期法学界开始发生变化，运用实证方法研究法律问题的论文愈来愈多[②]）。美国学者韦伯斯特指出："在所有的事实当中，用数据描述的事实是最准确、最锐利、最有说服力的。因此，描述一个事实，增强客观性、减少主观性的最好方法，就是尽可能地使用数据。"[③] 伴随着互联网而来的大数据改变了一切，中国人开始认识到数据的重要性。看似杂乱无章的数据，经过对大数据进行分析，竟能找出规律性。这就是说，昔日无用的数字或数据，经过大数据分析其作用就显示出来

---

① ［美］雅瑟·亨·史密斯著：《中国人的性格》，李明良译，陕西师范大学出版社2010年电子版，第465-466页。
② 程金华：《当代中国的法律实证研究》，《中国法学》2015年第6期，第64-65页。
③ 涂子沛著：《数据之巅：大数据革命、历史、现实与未来》（第2版），中信出版集团2019年版，第34页。

了。由于计算机存储量巨大，所以，在互联网时代，不但商品数据化，生活服务数据化，而且人也数据化了。政府、企业事业单位、个人无不打上了数据的烙印，数据已经成为一种新型的生产要素，成为重要的创新资源，蕴藏着社会发展的规律。数目字管理早已实现，数据治国正在一步步变为现实。2015年9月，国务院发布《促进大数据发展行动纲要》，将数据作为战略性资源加以重视。2022年4月19日，中央全面深化改革委员会第二十五次会议审议通过了《关于加强数字政府建设的指导意见》，强调要把数字技术广泛应用于政府管理服务，推动政府数字化、智能化运行。数据治理是加强数字政府建设的关键，数字政府，数据先行。

（二）大数据中的数据量也是数字

当然，我们知道，传统意义上的"数据"仅指数字，而大数据中的"数据"不仅指数字，还指具有一定意义的文字、字母、数字符号的组合、图形、图像、视频、音频等。数据可以是连续的值，称为模拟数据，如声音、图像；也可以是离散的，称为数字数据，如符号、文字。数据虽然包括以往的图形、图像、视频、音频等，但这些数据也是可以计算数据量的，而数据量就是数字。大数据时代是建立在数字时代的基础之上，离不开对数据的挖掘、采集、处理、分析、应用等流程。所以，数字时代的大数据也是一种数字，数据以二进制信息单元0、1的形式表示，统指一切电子化的记录。

在数字时代之前，数字当然有它的价值，西方社会的数目字管理就是在运用数字对整个社会进行管理。但是，在大数据时代，当数据已经成为一种新型的生产要素和重要的创新资源时，运用数据就不仅仅是为了追求精确，而是为了掀起一场数据革命，改变整个社会的面貌。

（三）开放数据，满足公民的知情权

在大数据时代，我们首先需要做的是开放数据，满足公民的知情权。知情权是基本人权之一。在现代社会，公民享有知悉国家事务、政府行为以及官员活动的权利，享有了解国家政策、法律法规的权利。所以，政府部门的整个运作过程和最后作出的决策应是透明的，有义务开放数据，让公民知悉，接受公民的监督。数据开放，就是让数据自由流动，让公众分享数据的所有权。开放公共数据应遵循八大原则，即数据必须是完整的，数据必须是原始的，数据必须是及时的，数据必须是可读取的，数据必须是机器可处理的，数据的获取必须是无歧视的，数据格式必须是通用非专有的，数据必须是不需要许可证的。①

在数据不开放的年代，大多数据只有少数人才能看到；许多数据以保密为由，躺在保险柜里无人顾及，难以发挥其作用。当信息自由法或阳光政府法在各国纷纷颁布时，开放数据成为文明社会的象征。这时，昔日发挥作用不大甚至从不发挥作用的数据，起死回生，成为新的生产力。

（四）数据开放是一种有效的管理手段

开放数据，不仅仅满足公民的知情权，让政府接受公民的监督，其实，数据开放本身就是一种有效的管理手段。美国的环境保护立法的制定就起到了这样的作用。

由于工业化的迅速推进，环境污染问题变得日益严峻。但要制定防治污染的环境保护法又非常困难，利益攸关方都在进行博弈，制定法律的阻力很大。1986年，美国国会通过立法，规定相关企业每年都要公布排放到空气、水源或土壤中的有毒化学物品的数量。在立法过程中，工业界极力反对，最终的法案作出了很大的妥协。人们对通过的法案并不看好，监督企业排放有毒化学物品数量的国家环保局也认为是在走过场。谁也没想到，这部法律竟出人意料地获得了巨大成功，工业界不但认真遵守，而且不断改进技术，减少排放量。因为，每年公布污染物排放量，就把企业置于公众的监督之下，使其自觉自愿地减少污染物的排放量。对社会负责任的企业，社会形象自然会更好，生意当然不会差。如同一些饭店一样，有意把厨房置于公众的视线下，让公众看到厨师是如何清洁卫生地烹饪菜肴，从而使饭店的生意更加兴旺。由于这部法律的示范作用，美国此后制定了不少要求公开数据的法律，如财产公开法、产品质量法、安全引用水法、药物安全法、食品卫生法、汽

---

① 参见涂子沛著：《大数据：正在到来的数据革命，以及它如何改变政府、商业与我们的生活》，广西师范大学出版社2015年版，第192页。

车安全法，等等。① 这就是说，法律规定相关企业公布的数据，起初对这些企业是沉重的负担，影响其发展，但坏事能变成好事，勇于承担社会责任的企业，会变压力为动力，把对自己不利或"无用"的数据变为有利或有用的数据。

（五）大数据关注数据的关联性

大数据注重的是数据的量，没有相当量的数据就不能称为大数据。在互联网普及之前，人类拥有的数据量并不大，与今天人类拥有的数据量相比显得微不足道。一个普通图书馆的藏书约等于 1 太字节，而马蜂窝自由行交易与服务平台每天生产的数据量超过 3 太字节。据统计，2011—2018 年，全球数据增长了 18 倍。② 但是，仅仅数据量大还不能称为大数据，多维度和完备性才是大数据的灵魂。把看似无关的事件联系起来，对事物进行全方位的描述，依靠的就是大数据的多维度和完备性。在互联网之前，许多数据都是孤立的，相互之间缺乏联系，显得无用。而进入互联网时代，数据之间有了联系，数据的作用越来越大。尤其在海量数据面前，以往许多无法处理的问题、无法破获的案件都能顺利解决。例如，中国公民章莹颖前往美国伊利诺伊大学厄巴纳香槟分校交流学习，2017 年 6 月 9 日下午，章莹颖上了一辆黑色轿车，街口的摄像头录下了这一过程。由于视频不太清晰，车牌号码无法辨认，警察通过黑色轿车的颜色、型号，在车辆数据库排查出了涉案车辆。车主承认章莹颖坐过他的车，但中途下车了。警察利用大数据发现车主 4 月份曾经访问过一个网站，并搜索过"绑架""完美绑架""如何策划一次绑架"等关键词。随后，警察又通过电话监听，听到车主向别人承认自己绑架了章莹颖。于是，警察逮捕了车主布伦特·克里斯腾森。2019 年 7 月 18 日，绑架和谋杀章莹颖的布伦特·克里斯滕森被判处终身监禁且不得假释。③ 可以说，此案在

① 参见涂子沛著：《数据之巅：大数据革命、历史、现实与未来》（第 2 版），中信出版集团 2019 年版，254-260 页。

② 参见涂子沛、郑磊编著：《善数者成——大数据改变中国》，人民邮电出版社 2019 年版，第 5、49 页。

③ 百度百科"章莹颖"辞条，https://baike.baidu.com/item/%E7%AB%A0%E8%8E%B9%E9%A2%96/20848257? fr=aladdin，2022 年 5 月 3 日访问。

侦破过程中就运用了大数据，这一证据也是法庭上的重要证据。罪犯克里斯滕森在网站上搜索关键词的时候，这一信息显得无用，但在应用大数据破案时无用就变得有用了。

大家对"表叔"杨达才一定记忆犹新。杨达才就是网民利用碎片化数据揪出的贪官。2012 年 8 月 26 日，时任陕西省安监局局长杨达才去陕西安塞县处理特大交通事故，谁知在事发现场不够"稳重"，竟然以"微笑"示人。网民觉得这位官员的"微笑"实在不该在那时那刻显露，就展开人肉搜索。不搜不知道，一搜吓一跳。"微笑"官员竟是陕西省安监局局长杨达才，这位官员喜欢戴名表，在不同场合留下了佩戴多块名表的各类图片，且佩戴的这些名表价格不菲，其中一块达 40 多万元。就这样，陕西省纪委在网民的引导下，利用大数据把"表叔"杨达才受贿之事揪出来了。"表叔"杨达才没想到他的一张张普通的照片，放在一起，竟然把他送到监狱去了。这就是互联网的厉害！这就是大数据的厉害！

数据在法庭上就是证据。在互联网出现之前，数据往往是孤立的，缺乏相互联系。但在数字时代，数据不再孤立，万物互联，互相印证。现在人们的一言一行都可能留下数据记录，存储于云端，永久不会消失，这就无形中为破案提供了证据。正是运用大数据，我国严重暴力犯罪案件大幅下降，全国公安机关命案现案破案率连续 5 年超过 95%，全国严重暴力犯罪案件 2016 年比 2012 年下降 43%。浙江省命案破案率甚至高达 99% 以上。[①] 用好大数据，就会给社会带来安全。命案必破是过去公安机关的一个传统，而有案必破日益成为互联网时代的现实。中国历史上曾出现过"路不拾遗，夜不闭户"的盛世，那是由于丰衣足食、安居乐业、国泰民安、善施教化的结果。我们这个时代，迎来的可能是人类历史上犯罪率低的时代。这主要是高科技带来的结果。

（六）挖掘数据的潜在价值最为关键

许多国家曾设想建立超级数据库，把每人的基本资料、医疗保险记录、

---

① 参见涂子沛著：《数文明——大数据如何重塑人类文明、商业形态和个人社会》，中信出版集团 2018 年版，第 156 页。

信用卡交易信息、乘坐的交通工具信息、住宿酒店信息、出入境记录、电话记录、电子邮箱记录、网络搜索记录等等数据整合一起，实现社会治理，加强社会管控。新加坡已建立了这样的超级数据库，在一定程度上实现了数据治国的愿望。

开放数据后，重要的是挖掘数据的潜在价值，实现从"大容量"到"大价值"的转变。这就是说，把昔日无用的数据，也就是没发现潜在价值的数据，转变为有用的数据最为关键。数据采集、数据存储和数据分析是大数据处理过程中三个基本步骤，其中，数据采集和数据存储是基本功能，而数据分析最为重要。例如，美国每年都有犯罪数据统计和交通事故数据统计，但从来没有人对这两个统计数据联系起来进行过研究。某天，有人把20多年的犯罪统计数据和交通事故统计数据映射到同一张地图上，竟发现了一个大秘密，犯罪活动和交通事故的高发地带、频发时段都高度重合。这一发现引起了司法部门和公路交通部门的重视，它们联合行动，共治数据"黑点"，使犯罪率和交通事故率都很快降下来了。[①]

开放数据还使许多文抄公原形毕露。以前，由于学术书籍、期刊发行量小，受众小，抄袭他人成果不易被发现，致使文抄公泛滥，包括一些著名的学者、文学家、政治家都成了文抄公。[②] 但网络时代让这些文抄公无法藏身，抄袭他人成果很容易被人发现。所以，大数据会使文抄公知难而退，变得越来越少，学界、文坛、政界的风气越来越纯正。这也算是挖掘数据的潜在价值。

我国在开放数据方面可以说是比较落后的，不仅开放的数据量少，而且数据的公信力弱、质量低。早在2012年4月，有31个国家和地区就建立了公

[①] 参见涂子沛著：《大数据：正在到来的数据革命，以及它如何改变政府、商业与我们的生活》，广西师范大学出版社2015年版，第340页。

[②] 如清华大学教授汪晖、北京大学教授王铭铭、复旦大学教授张汝伦、著名作家郭敬明等等。德国家庭、老年人、妇女和青年事务部长弗兰齐丝卡·吉费曾因在博士论文中剽窃被发现，不得不引咎辞职。此前，德国国防部长古滕贝格2011年就因博士论文剽窃而辞职；教育和科研部长沙范2013年也因博士论文剽窃而辞职。参见《论文涉嫌抄袭，德国部长在调查结果出炉前主动请辞》，环球网，https://baijiahao.baidu.com/s? id=1700225384035995941&wfr=spider&for=pc，2022年5月6日访问。

共数据的开放网站。2016 年，已有 106 个国家提供了政府数据开放目录。我国国家层面在开放数据方面做得不尽人意，好在党和政府已经注意到这方面的不足，建立数字政府就是在往这方面做努力。我国有些地方政府在开放数据方面做得比较好，如上海市就走在了全国前列。截至 2019 年 5 月，上海市政府数据服务网开放了 45 个政府部门的 2000 多个数据资源，在省级平台排名中名列第一。①

　　在开放数据方面，我国做得比较好的是各级法院在互联网上公布生效的裁判文书。2010 年 11 月 21 日，最高人民法院《关于人民法院在互联网公布裁判文书的规定》正式颁布实施，从此，在我国开启了裁判文书上网公开新篇章。截至 2022 年 4 月，中国裁判文书网公布的文书总量超过 1.3 亿份，访问总量超过 840 亿次。② 在互联网上公布裁判文书是司法公开的一部分。通过公开裁判文书，一是能遏制司法腐败，使法官接受社会监督，以公开促公正；二是以公开倒逼法官不断提高业务水平；三是从裁判文书中可以挖掘犯罪线索，使犯罪嫌疑人以往的累累罪行暴露无遗，有利于准确的定罪量刑。当然，公开裁判文书也在一定程度上促进了法学实证研究的兴盛。10 多年来，许多学者从公布的裁判文书数据中收集、分析案例，提出许多带有建设性的建议，促进了法学的繁荣和法律的发展。可以说，这些裁判文书，如果不在网络上公开，躺在各级法院的档案库里，数据的潜在价值就难以被发现、利用，成为无用的数据。当初在互联网上公布裁判文书的目的主要是预防司法腐败，促进司法公正，但经过这么多年，这些裁判文书成为研究社会的最重要的资料之一。相信，这些裁判文书，不仅仅是法学界的重要研究资料，而且会成为许多学科的重要研究资料。

---

①　参见涂子沛、郑磊编著：《善数者成——大数据改变中国》，人民邮电出版社 2019 年版，第 31 页。

②　参见薄晨棣、李楠楠：《最高法：中国的司法公开已走在世界前列》，人民网，http://cpc.people.com.cn/n1/2022/0422/c64387~32406053.html，2022 年 5 月 5 日访问。

五、一切皆可量化突出了数字时代数字的法律作用

(一) "一切皆可量化"是大数据时代的口号

定性分析与定量分析是两种研究方法。早期人类研究问题以定性分析为主，采用定量分析的非常少。而在近现代，越来越多的问题都采用定量分析方法。在亚里士多德的《物理学》、亚当·斯密的《国富论》中，主要采用定性分析方法。而在当今的物理学、经济学著作中，大量出现数学公式，采用量化分析已习以为常。

许多人都认为，某些事物是不可量化的，世间不是所有的事物都可量化。但是，在大数据时代，这个观念开始在人们头脑中动摇了。"事实上，不仅每一个被认为不可量化的事物都有量化手段，而且最难量化的无形之物也往往可以用令人吃惊的简单方法量化。"[①] 所谓"无形之物"是指从物理上无法触摸到的东西，如法律的价值、法理学年会的效果、公众形象、破产的风险、赢得大选的机会、某个公共政策对执法的影响，等等。

化质为量是近现代科学、社会发展的一大趋势。人类的计量是从长度和重量开始，然后扩展到面积、体积和时间。随着科技的发展，气压、温度、声频、电流等等也可测量。现在，能量化的事物已经非常多了，不但自然科学是这样，社会科学也在紧追慢赶。不过，能提出"一切皆可量化"的口号却是需要有相当底气的，这同大数据时代的特点密切相关。大数据是信息化、网络化社会高度发达的结果。大数据时代，只要是人们的活动就会留下数据痕迹，整个世界成为一个数据化的世界。有人甚至提出"世界的本原是数据"的论断，于是，"一切皆可量化"自然成为大数据时代的口号。数据化思维的核心是定量化，靠着大数据，万事万物都开始迈开量化的步伐。"一切皆可量化。如果人们找到观测事物的方式，并找到某种方法，无论这种方法多么

---

① [美] 道格拉斯·W. 哈伯德著:《数据化决策》，邓洪涛译，广东人民出版社 2018 年版，"自序"第 3 页。

'模糊'，它能让你知道得比以前更多，那么它就是一种量化方法。"①

量化与决策有关，它为决策提供信息。量化意味着减少不确定性，是优化问题的有效手段。量化必须用数量描述，需要把不确定性数量化。立法、执法中遇到的许多问题都需要量化。20 世纪 90 年代，公安部曾规定，公交汽车上不允许做广告，因为广告影响交通安全。但公安部的这一规定是缺少量化指标支撑的，公安部没有在全国做过详细的、大量的样本统计，证明因人们观看公交车上的广告会造成大量交通事故。公安部的规定只是想当然，觉得人们观看公交车上的广告会造成交通事故，所以，各地公交部门也从没认真遵守过这一规定，造成法规条款的"搁置"。其实，在大数据时代，公安部完全有条件进行统计，全国到底有多少例交通事故是行人因观看公交车上的广告引起的。如果这方面的案例数量很多，那么，就要严格遵守法规的规定，禁绝公交车上的广告；如果这方面的案例数量很少，甚至是个案，就不应禁绝公交车上的广告，因为发展经济才是硬道理。所以，科学立法就需要有数据的支撑。在大数据时代，种种数据的获取并不难，关键是有无这样的意识。如果仅仅出于推卸责任，出了事后，告诉上级或公众，我们管理部门早有规定，是有人没有遵守规定酿成事故的，那么，抱着这样的态度立法、执法，永远制定不出科学的法，永远在执法的过程中做不到公正。我国的立法、执法部门在大数据时代要学会用数据说话，要用量化的眼光观看万事万物，不但要做到科学，还要做到合理。

（二）在数字时代，量化方法越来越多

在数字时代，量化方法越来越多，从前一些不可量化的事物变得可以量化。全球定位系统 GPS 就是一个革命性的测量仪器，是一种量化方法。比如，在高速公路上行驶，如果速度超过限驶速度，从 GPS 上就可查到。通过 GPS 还可以查到车辆位置、司机驾驶习惯、车辆在某处停留时间等等详细数据，这些数据对于交通警察来说都是非常重要的，有利于合理合法地处理交通纠纷。

---

① ［美］道格拉斯·W. 哈伯德著：《数据化决策》，邓洪涛译，广东人民出版社 2018 年版，第 2 页。

人脸识别技术也是一种测量方法。目前，利用人脸识别技术可以迅速地从几亿量级的面孔中识别出一个人，误报率可降低到亿分之一以下。北京铁路警方运用人脸识别技术，在某一站点 24 小时内就查获 4 名公安部通缉的网上在逃人员，其中包括 1 名潜逃 19 年的在逃人员。2018 年 7 月以前的几个月，北京铁路警方利用人脸识别技术，查获各类违法犯罪人员近 2000 名，其中网上通缉的在逃人员 100 多名。[①] 当然，在数字时代，互联网可能是我们时代最重要的"测量仪器"，通过搜索引擎就可得到想要的数据，使许多事情得以量化。

(三) 利用互联网、大数据可以预防犯罪，进行法律预测

美国许多城市利用大数据分析"预测警务"，决定对哪些街道、群体、个人需要采取严密的监控措施。在孟菲斯市，警察利用大数据为警员提供情报，分配警力，使重大财产和暴力犯罪发生率约下降了 26%。英国警察运用大数据对犯罪人再犯罪的风险进行预测。英国达勒姆郡警察局在剑桥大学的协助下，对 2008 年至 2012 年共 104000 个监禁案例进行分析，提取案例中罪犯的年龄、性别、邮政编码、犯罪历史以及犯罪类型等信息。这些罪犯刑满释放后再次被捕，警察就会利用大数据对被捕者未来 24 个月的风险进行预测，作出是否羁押的决定。[②]

近年来，我国公安机关利用大数据进行犯罪预测、预警的现象也日益普遍。虽然在大数据时代之前，利用小数据也可预测犯罪、预警，但由于数据量有限，预测的精准度会受到限制。现在，在大数据面前，预测的精准度不断提高，有利于提升社会治理水平，助推社会治理现代化。

互联网还促成了预测市场的诞生。因为"预测市场不是魔术，它仅仅是

---

① 参见余建斌：《让计算机"看人更准"》，《人民日报》2018 年 10 月 15 日，第 20 版。

② 参见 [美] 维克托·迈尔-舍恩伯格、肯尼斯·库克耶著：《大数据时代：生活、工作与思维的大变革》，盛杨燕等译，浙江人民出版社 2013 年版，第 202-203 页；胡铭、严敏姬：《大数据视野下犯罪预测的机遇、风险与规制——以英美德"预测警务"为例》，《西南民族大学学报（人文社会科学版）》2021 年第 12 期，第 85 页。

聚集公众知识的一种方法"①，所以，诸如公司合并、重要诉讼的结果、总统候选人谁将胜出等等问题，都可预测。美国早在 1988 年就创立了一家名为"爱华达政治股票市场"的预测市场，预测当年的美国总统选举。由于预测非常成功，优于传统的民调结果，所以被人们看重。1992 年，"爱华达政治股票市场"正式走上互联网，引领了美国预测市场潮流。我国台湾政治大学也成立了预测市场研究中心，推出"未来事件交易所"，其预测的准确率超过了 95%。2017 年，我国大陆也有了专注预测的互联网平台——未来无限网。② 相信，不久的将来，随着互联网预测市场的发展，许多法律问题也可进行预测，比如某个法律草案能否通过、某个罪大恶极的犯罪分子能否被判死刑、某位犯错的官员应否引咎辞职，等等。预测的过程可以说也是普法的过程，公众通过参与，会了解更多法律知识。

结　语

数字是一种符号，蕴含着特殊的意义。数字不仅包括计数，还有丰富的哲学、社会学内涵，是解释法律现象的重要的、不可缺少的部分。"当人们要使数字有意义的时候，就必须要把数字放到具体的社会环境中。也就是说，数字的意义并不在数字本身，而在于数字所代表的事物。"③ 数字要具有法律意义，就必须进入法律环境之中，与法律紧密相连。

数字是不断发展的，数字的法律意义也是不断添加的。按照马克思主义法学理论，法律是由国家制定和认可的行为规范，是统治阶级意志的体现。而数字在国家、法律产生之前就出现了，所以，数字在形成初期是没有法律意义的，只是在法律出现后，数字与法律的关系才越来越紧密，其法律意义

---

① ［美］道格拉斯·W. 哈伯德著：《数据化决策》，邓洪涛译，广东人民出版社 2018 年版，第 251 页。

② 参见《首家互联网预测平台在我国诞生》，搜狐网，https：//www.sohu.com/a/163630737_188550，2022 年 5 月 9 日访问。

③ 邱泽奇著：《社会学是什么》，北京大学出版社 2002 年版，第 13 页。

才不断添加。或者说，法律文化在发展过程中，曾借助数字建构自己的理论、方法和体系，使自己烙上了数字的印记。

早期的数字具有神秘色彩，带给幼年法律文化的也是魔幻。近现代科学在数学引领下得以大发展，以科学化为发展目标的法律文化也在数字引领下取得了重大发展。证明本身是具有盖然性的，在运用证据认定案件事实的过程中，证明力、证明标准、事实认定等各个环节均要运用概率。司法实践中无论是法官、检察官、公安人员、律师还是双方当事人都进行着广泛的概率思考，诉讼过程中的每一步都在做数字运算。互联网使数字正义、数字民主冲破了旧有的正义、民主的羁绊，使正义、民主在新的更高水平上得以发展。大数据使许多法律现象的量化变为现实，促进了法律的科学化进程；也使许多无用的法律数据变得有用，挖掘出潜在的价值。

互联网时代之前之后的数字虽然有一定的区别，但从本质上来说是一样的，否则也不会说互联网时代是数字时代。我们需清楚，大数据中的"数据"虽然包括数字以及文字、字母、符号、图形、图像、视频、音频等等，数字以外的数据看起来不是数字，但它们也是可以计算数据量的，而数据量就是数字。况且，大数据由于太"大"，离不开计算机，而计算机语言都是用二进制 0 和 1 这样的数字的。

数字从人类法律文明诞生之日就对法律文化产生影响了，至今的影响不是缩小而是愈来愈大，这是因为在互联网时代，数字的作用越发突出。研究法律文化有许多不同的视角，不同的视角反映了不同的认识角度。凭借着方法论的不断创新，理论才会不断发展。从数字角度认识法律文化会对法律文化有新的认识，加深对法律文化的理解。

第三章
法律与大数据分析

大数据的出现，改变了人们的生活，改变了人们的思维方式，给人们提供了工作、生活上的许多方便。当然，大数据的出现也影响了法律，使传统的法律思维方式产生了巨变。为了促进数字经济的健康发展，大数据也需要法律予以保护。

一、大数据的出现

早在 20 世纪 80 年代，美国就有人提出了"大数据"概念。不过，这时的大数据是指数据价值上的重要性，不是指容量大。[1] 也有学者认为"大数据"概念起源于 2008 年《自然》（*Nature*）杂志刊登的名为 Big Data 的专题。[2] 不管"大数据"一词是什么时候出现的，但有一点是无疑的，就是"大数据"一词频繁出现是新世纪的事情；[3] 因为在此之前，由于计算机处理

---

[1] 参见涂子沛著：《数据之巅——大数据革命，历史、现实与未来》，中信出版集团 2019 年版，第 300 页。

[2] 参见王宏志编著：《大数据分析原理与实践》，机械工业出版社 2017 年版，第 1 页。

[3] 吴军认为大数据一词经常出现在媒体上是 2007 年以后的事情。参见吴军著：《智能时代——大数据与智能革命重新定义未来》，中信出版集团 2016 年版，第 63 页。

能力和存储能力太昂贵，大数据公司极少，信息化的社交媒体也没有。据学者研究，从 1453 年至 1503 年，50 年时间，欧洲大约印刷了 800 万本书籍，比君士坦丁堡（330 年建立）建立以来整个欧洲的手抄本书还要多。但在当今社会，只需 3 年时间，信息存储量就能增长 1 倍;[①] 而且现在社会的信息存储量基数与 1453 年至 1503 年代是不可同语的。

数据不是数字，数字只是数据的一部分，数据的范围比数字要大得多。数据是信息的代名词，是数字、文本、图片、视频等的统称。以前的数据源于测量，现代的数据源于记录。但大数据包括测量和记录两部分，由传统的小数据和现代的大记录组成。

2011 年，麦肯锡公司发布的全球报告给大数据下的定义是：大数据是具有大规模、分布式、多样性和/或时效性的数据，这些特点决定了必须采用新的技术架构和分析方法才能有效地挖掘这些新资源的商业价值。[②] 维托克·迈尔-舍恩伯格和肯尼思·库克耶认为大数据最初的概念是指需要处理的信息量过大，已经超出了一般电脑在处理数据时所能使用的内存量，因此，必须改变处理数据的工具。今天，认为大数据是人们在大规模数据的基础上可以做到的事情，它是获得新的认知、创造性的价值的源泉；大数据还为改变市场、组织机构，以及政府与公民关系服务。[③] 维基百科给大数据下的定义：大数据是指无法在可承受的时间范围内用常规软件工具进行捕捉、管理和处理的数据集合。[④]

（一）大数据的成因

大数据的出现与科学技术的飞速发展有着密切联系。随着信息时代的到来，各行业的数据都海量地涌现。大致说来，大数据的出现与以下几个因素

---

① 参见［英］维托克·迈尔-舍恩伯格等著：《大数据时代：生活、工作与思维的大变革》，盛杨燕等译，浙江人民出版社 2013 年版，第 13—14 页。

② 参见［美］EMC Education Services 著：《数据科学与大数据分析》，曹逾等译，人民邮电出版社 2016 年版，第 3 页。

③ 参见［英］维托克·迈尔-舍恩伯格等著：《大数据时代：生活、工作与思维的大变革》，盛杨燕等译，浙江人民出版社 2013 年版，第 8—9 页。

④ 参见王宏志编著：《大数据分析原理与实践》，机械工业出版社 2017 年版，第 1 页。

有关：

1. 数据存储器存储量越来越大，价格越来越便宜。大数据需要硬盘存储器。存储器经过几十年的发展，体积越来越小，数据的存量越来越大，而价格却越来越低。英特尔创始人之一戈登·摩尔（Gordon Moore）于 1965 年提出一个定律，被称为摩尔定律，认为相同面积芯片上可容纳的晶体管数量一到两年就会增加 1 倍。从 1965 年到现今，经过 67 年，摩尔定律仍然在发挥作用。目前，最小的芯片是 2 纳米，虽然制造技术非常精尖，可价格却不断下降。1955 年，IBM 制造出世界上第一款商用硬盘存储器，1 兆字节存储器价格高达 6000 多美元，1993 年下降到 1 美元，2000 年下降到 1 美分，2010 年下降到 0.005 美分。① 存储量越来越大，价格不但没涨，而且变成了比白菜还要便宜的价格，这是古往今来罕见的。美国国会图书馆藏书量是世界图书馆之最，其印刷品藏量约为 15 太，一般大学图书馆的印刷品藏量大概是一两个太。② 现在用喝一杯咖啡的价钱就可把一个图书馆的所有信息存储起来。正是由于存储器的便宜，才可能把海量的数据存储下来。所以，大数据时代的到来，离不开便宜的存储器，这给大数据时代提供了物质基础。

2. 人类数据收集能力的增强，在许多领域已经实现了数据自动采集。美国科学家马克·韦泽（Mark Weiser）认为计算机的发展将经历三个主要阶段：一是主机型阶段，计算机体积很庞大，多人共享一台计算机；二是个人电脑阶段，计算机体积很小，家庭开始使用计算机；三是微型计算机阶段，计算机小的从人们视线中消失，计算机与环境融为一体，进入普适计算阶段。目前，广泛使用的可穿戴设备就属于此类。许多足球运动员把传感器装到自己的护膝或衣服上，实时记录活动轨迹，踢球时的奔跑速度、加速过程、控球时间等都有数据可以进行分析，这给运动员科学训练和教练科学指导都提供了依据。现在，网球、棒球、橄榄球等等各类运动员都有这类传感器。美国

---

① 参见涂子沛著：《数据之巅——大数据革命，历史、现实与未来》，中信出版集团 2019 年版，第 303 页。

② 一首音乐约为 4 兆（M），一部电影约为 1 吉（G），1 吉 = 1024 兆，1 太 = 1024 吉，相当于 1024 部电影的大小。

警察在巡逻中常佩戴谷歌眼镜，记录现场情景，与同事通过网络共享数据。还有一种传感器，比羽毛还轻，放在纸尿片中，随时可以检测婴儿、老人是否撒尿。总之，在科技发达的今天，数据自动采集能力越来越强，越来越普遍。

3. 社交媒体的出现，使数据爆炸式的增长。现阶段的社交媒体主要包括社交网站、微博、微信、博客、论坛、播客、QQ 等等。最早的社交媒体是2004 年创立的脸谱网（Facebook）。

社交媒体给网民提供了一个平台，使网民任何时候都可以记录自己的行为、想法。以前，主要是信息系统、传感器在产生、收集数据，社交媒体出现后，网民都成为数据的生产者。截至 2022 年 6 月，中国网民规模为10.51 亿，互联网普及率达 74.4%。[①] 由于网民数量巨大，产生的数据量自然非常可观。

通过数据挖掘，人们使用数据的能力不断增强。数据大固然重要，但数据的价值更为重要，许多数据的价值是通过数据挖掘实现的。数据挖掘是从大量数据中以平凡的方法发现有用的知识，因此，数据挖掘是知识发现的过程，一般包括数据清理、数据集成、数据选择、数据变换、模式发现、模式评估和知识表示等步骤。现在的智能手机都具有数据挖掘的功能，手机使用者喜欢浏览那方面的内容，网络就会更多地显示这方面的内容。一些国家的企业利用掌握的消费者的消费数据，采用"预判发货"的形式，在消费者网购时，尚未下单，企业就把包裹寄出，美国的电子销售巨头亚马逊就是如此。视频网站 Netflix 人员对平台上用户数据的分析发现，老戏骨 Kevin Spacey、导演大卫·芬奇以及 BBC 的电视剧都是许多人的喜爱，但同时喜欢演员 Kevin Spacey、导演大卫·芬奇和 BBC 电视剧的人也很多。制作人员设想把三个要素集中在一部电视剧里，爆红的几率会大大增加。另外，《纸牌屋》的拍摄过程完全同传统的拍法不一样，是一边播放一边拍摄。导演和制作人员通过对

---

① 参见《我国网民规模达 10.51 亿》，北京青年网，http：//news.ynet.com/2022/09/09/3515385t70.html，2022 年 9 月 11 日访问。

观众在网上的观看行为和留言进行分析，决定下一步拍摄内容。《纸牌屋》的整个拍摄过程完全是被大数据引导着，这种拍法是有史以来第一次。《纸牌屋》的爆红完全可以归功于大数据。① 可以说，通过数据挖掘，新的数据会越来越多，而且更有价值的数据就来自于挖掘的数据中。

（二）大数据的特点

同样是数据，小数据与大数据的特点是不相同的。大数据具有以下特点：

1. 数据体量大。之所以叫大数据是因为"大"是其最重要的特征。信息社会的一大特征就是数据的爆炸性增长。以前，一个大图书馆藏书量就是大数据了，但在信息社会里，这还算不上大数据。大数据的起始计量单位至少是 P（1000 个 T）、E（100 万个 T）或 Z（10 亿个 T）。大数据包括企事业单位数据和政府数据，公用设施所记录的数据，国家大型公用设备和科研设备所产生的数据，工业领域所产生的数据，等等。这些数据量是非常大的，中国联通每秒记录用户上网条数近百万条，每月大概是 300TB；淘宝网会员约有 4 亿，每天产生的数据量是 50TB；脸书用户约有 10 亿，每天产生的数据量是 300TB。由于电脑、智能手机的普及，互联网上的数据增长非常快，年增长 50%，两年就会翻一番。目前世界上的数据增长速度是不可想象的，90%以上的数据是最近几年才产生的。"恒河沙数"是佛教徒形容数量很多的一个词语，但在今天，面对每日每月每年增长的大数据，"恒河沙数"已经不算回事了。

2. 多样性。大数据的多样性是由数据来源和数据形式的广泛性决定的。大数据的主要来源有移动传感器、社交媒体、视频监控、视频渲染、医学影像、地球物理勘探、智能电网和基因测序等。其中社交媒体和基因测序是大数据中增长最快的数据源。国内典型核心社交媒体主要有 QQ、微信、新浪微博、贴吧等等，国内典型衍生社交媒体平台主要有淘宝、抖音、小红书、知乎、bilibili 网站等等。

---

① 参见何舟：《〈纸牌屋〉的轰动效应与 Netflix：大数据的背后》，凤凰网，http：//phtv. ifeng. com/a/20150521/41087362_ 1. shtml，2022 年 9 月 21 日访问。

3. 完备性。大数据由于数量大，就某一个问题相对于小数据来说搜集的资料比较全面，预测性则强。预测美国总统大选结果历来是舆论界关注的热点，也使一些预测机构或人一举成名，盖洛普就是如此，他成功地预测了1936年美国总统大选的结果。自1936年以来，盖洛普大多数时候都能成功地预测美国总统大选结果，但也出现过差错；即使对大选结果预测正确，但对50个州及华盛顿特区的投票结果预测没有一次全对。大家都知道，最困难的是对大约10个摇摆州的预测，因为在这些州里，各候选人支持率民意调查的差距比标准差要小很多。预测的准确性如此之难，盖洛普没能做到，却有人做到了，这就是内德·斯维尔（Nade Silver）。2012年，这位年轻人成功地利用大数据，预测了全部50个州和华盛顿特区。他从互联网上，尤其是社交网络上，广泛搜集与大选相关的数据，诸如留言簿和地方新闻中的数据，脸谱网、推特上大家的发言以及朋友的评论，候选人选战的数据等。尤其是，内德·斯维尔搜集的是选民在没有任何压力的情况下得到的数据，准确性自然更高。相对于其他预测机构，内德·斯维尔搜集的数据完备性已经很高了，所以他预测成功了。

4. 高速性。大数据主要通过互联网传输，产生的速度非常快。大数据能够快速地采集数据、实时地分析数据。过去的结构化数据（数据库）更新比较慢，半年甚至一两年才会更新一次。但在现今，大数据更新的频次、频率非常快，可以说时时刻刻都在更新。大数据不但产生的速度快，而且清理的速度也快。

5. 高价值性。大数据虽然量大，但有价值的数据所占比例很小。不过，大数据却能从海量的数据中挖掘出有价值的数据，颇有沙里淘金的意味。大数据可谓价值密度低，商业价值高。对于大数据来说，数据挖掘非常重要。据学者研究，发现世界500强企业中，90%以上建立了数据分析部门，挖掘大数据中有价值的数据。在智能化时代，数据扮演着重要的角色，数据的价值也在不断地提高。

（三）大数据思维

大数据正在改变我们的生活，改变我们理解世界的方式。伽利略虽然提倡量化方法，许多领域已经化质为量，但由于当时科学发展所具有的局限性，仍然有不少领域无法化质为量，影响科技的进步。在信息化时代，在数字化时代，大数据的出现，开启了一切皆可"量化"的步伐。因此，从方法论层面来看，大数据是一种全新的思维方式。

在过去三个世纪里，机械思维是现代文明的基础。牛顿的科学理论开创了科学时代、理性时代。牛顿认为世界万物都是运动的，运动遵循确定性的规律。哈雷利用牛顿的科学理论，计算出了一颗彗星绕太阳的运转周期；还有人利用牛顿理论计算出了海王星、冥王星绕太阳的运转周期。牛顿的方法论是一种机械思维，认为世界变化的规律是确定的，是可以被人们认识的，是放之四海而皆准的。机械思维的核心思想是确定性和因果关系，它带来了工业大发明的时代，促进了世界的近代化和现代化。

但是，在信息时代，机械思维的局限性越来越明显，人们开始考虑在承认不确定性的情况下如何取得科学上的进步。世界的不确定性来自两个方面：一是影响世界的变量非常多，我们无法通过简单的办法确定结果，于是，人为地把它们划为不确定的一类；二是客观世界本身带有不确定性。不管哪一类，都可以用概率模型来描述。香农把世界的不确定性与信息联系起来，形成了看待世界、处理问题的新思路。大数据的科学基础是信息论，其本质是用信息消除不确定性。采用信息论的思维方式能让很多问题顺利解决。在因果关系无法确定时，数据中所包含的信息能帮助我们消除不确定性；而数据之间的相关性在某种程度上可以取代原来的因果关系，帮助我们得到想知道的答案。① 所以，大数据思维是一种全新的思维，在不确定的社会中能寻求到确定。"大数据时代对于我们的生活，以及与世界交流的方式都提出了挑战。最惊人的是，社会需要放弃它对因果关系的渴求，而仅需关注相关关系。也就是说只需要知道是什么，而不需要知道为什么。这就推翻了自古以来的惯

---

① 参见吴军著：《智能时代：大数据与智能革命重新定义未来》，中信出版集团 2016 年版，第 111—141 页。

例，而我们做决定和理解现实的最基本方式也将受到挑战。"①

二、大数据与法律思维的变革

大数据思维是一种全新的思维方式，这种思维方式影响面非常广泛，自然也给法律思维带来了变革。

（一）大数据改变了国家和社会法治治理方式

治理伴随着人类社会的发展而发展。以往，治理侧重于管理，用的词语也是"国家管理""社会管理"而不是"国家治理""社会治理"。从管理到治理，不仅仅是手段的变化，而且昭示着社会的进步；因为治理过程的基础不是控制，而是协调。治理不是一种正式的制度，是持续的互动。

从国家层面来说，已经把治理现代化作为我国的一项发展目标。我们知道，各朝各代都有自己的治理方式，但有的朝代的治理方式先进，有的则落后，这就需要不断改进治理方式，使社会不断进步。伴随着大数据的出现，一种新的治理模式必然产生，法律思维方式的变革不可避免。无论是国家治理模式还是社会治理模式，都要在大数据时代治理法治化语境中加以变革；这是因为法治是治理现代化的基本方式，是治理现代化的目标，是治理现代化的具体体现，治理现代化必须在法治化的道路上运行。

精准治理就是在大数据时代治理法治化语境中的一种治理方式。我们知道，在当今社会，大数据、智能化、云计算、移动互联成为驱动我国政治、经济、社会转型的重要力量。尤其是大数据，是智能化、云计算、移动互联的基础。智能算法在分析、预测时的准确性取决于数据的数量，而大数据是智慧政府的基础设施。政府在治理过程中得到的信息应该非常精准，这样才能及时进行精准治理。打造统一的政府信息平台，利用计算机分析海量数据，这样各级政府就可及时获得精准信息。所以，精准治理就是建立在大数据基

---

① ［英］维托克·迈尔-舍恩伯格等著：《大数据时代：生活、工作与思维的大变革》，盛杨燕等译，浙江人民出版社 2013 年版，第 9 页。

础之上。目前，全国各地政府部门普遍建立了各类政府信息平台，如江苏省先后开通了江苏政务服务网、江苏政务服务 App、支付宝小程序、微信小程序和微信服务号，共同构成江苏的"互联网+政务服务"平台。这个平台"网"住了 65 个省级部门，"网线"从设区市、县（市、区）一直延伸到乡镇（街道）、村（社区）。① 有了这么多信息平台，政府就能及时获得各种信息，并能提出精准的治理方案。

在中国，各地的社会治理广泛采用信息平台，进行精准治理。有些地方是利用现代科学技术把出现的问题迅速传递到职能部门及时予以处理，有些地方是利用网格员、居民小组长、小区院委会（业委会）、物业企业、楼栋长等参与整体治理，及时发现问题，及时予以解决。②

（二）数据的开放倒逼政府管理的公开化

大数据不仅可以治国，还可以强国，大数据正在成为重要的创新资源。但数据要发挥作用，关键的一环是数据要公开，并要有收集数据的意识。在过去，我国虽然是人口大国，但还够不上数据大国。美国麦肯锡公司对 2010 年各国新增数据量的统计，美国是 3500 拍，欧洲是 2000 拍，日本是 400 拍，中国仅为 250 拍。③ 随着 5G 手机的普及，中国政府对数据的不断开放，加之中国人对数据的收集越来越有意识，现在中国已成数据大国。据中商产业研究院的最新统计，目前中国数据占有量已达全球的 23%，而美国仅占 21%。④

---

① 参见徐冠英：《推动公共服务高效化、社会治理精准化——数字赋能，让生活更美好》，潇湘晨报网，https：//baijiahao.baidu.com/s？id = 1735114288102407459&wfr = spider&for = pc，2022 年 9 月 13 日访问。

② 例如，江苏省宿迁市为主城区重点路段的 6371 个井盖安装智能传感器，运用窄带物联网等技术，对井盖位移缺失、液体满溢、甲烷气体超标等 3 种情况进行实时监控，预警信息自动推送至市市域社会治理指挥平台。5 月 18 日 10 点 45 分平台接到预警：虞姬公园东门井盖破碎。市指挥中心根据传感器识别码，判定该井盖是宿迁经济技术开发区管养范围的污水井盖，将工单派至经开区指挥中心，并将预警信息同步推送至网格员手机。15 分钟后，网格员在现场做好临时安全防护。经开区指挥中心调度区住建局安排施工单位处理，12 点 10 分新井盖"上岗"。参见徐冠英：《推动公共服务高效化、社会治理精准化——数字赋能，让生活更美好》，潇湘晨报网，https：//baijiahao.baidu.com/s？id = 1735114288102407459&wfr=spider&for=pc，2022 年 9 月 13 日访问。

③ 参见涂子沛著：《大数据：正在到来的数据革命，以及它如何改变政府、商业与我们的生活》，广西师范大学出版社 2015 年版，第 325—326 页。

④ 参见《中国数据产生量占比约 23% 2022 年全球大数据储量分析》，网易网，https：//www.163.com/dy/article/HOTNATJU051481OF.html，2022 年 9 月 19 日访问。

政府部门的数据往往是关键性、基础性的数据资源。没有数据开放就没有大数据，就没有智能时代。数据也有基础设施，政府网站开放的数据就是公共数据的基础设施，政府有义务把基础设施建设好。

世界上第一个政府数据开放平台是 2009 年 5 月 21 日上线运行的美国联邦政府数据开放平台。截至 2018 年，美国 48 个州建立了数据开放门户网站。2010 年英国政府数据开放平台上线运行，2011 年加拿大政府数据开放门户上线运行，2012 年欧盟数据开放门户上线运行，2012 年印度政府数据开放平台上线运行。我国香港特别行政区政府于 2011 年推出"香港政府资料一线通"，台湾地区 2013 年推出"资料开放平台"。①

我国政府网站的数据开放是逐渐向前推进的。据万维网基金会所作的一项名为"开放数据晴雨表"的全球性评估，2013 年对全球 77 个国家作了评估，中国排名第 61 位；2014 年对 86 个国家作了评估，中国排名第 46 位；2015 年，对 92 个国家作了评估，中国排名第 55 位；2016 年对 115 个国家作了评估，中国排名第 77 位。2016 年，中国总分是 19.64 分，而排名第一的英国得分是 100 分。② 由此看来，我国在开放数据方面尚有许多不足，需要不断改进。

国务院办公厅政府信息和政务公开办公室曾对全国政府网站作过调查，2014 年底之前，政府网站中的 80% 以上都存在办事栏目空白，或内容更新不及时的问题。一些政府网站把领导和机构介绍、动态信息、政策文件等内容作为重点关注的栏目，而办事系统、服务指南、咨询答复、热点专题等公共关注度较高的内容则很难在网站中找到。③ 党的十八届四中全会报告提出了全面推进政务公开，坚持以"公开为常态、不公开为例外"的原则。为了督促各地方落实政务公开政策，国务院办公厅政府信息与政务公开办公室制定了

---

① 参见郑磊著：《分开的数林——政府数据开放的中国故事》，上海人民出版社 2018 年版，第 4—6 页。

② 参见郑磊著：《分开的数林——政府数据开放的中国故事》，上海人民出版社 2018 年版，第 40—42 页。

③ 参见张璁：《大数据，倒逼政务公开升级》，中国政府网，http://www.gov.cn/xinwen/2015~11/18/content_2967402.htm，2022 年 9 月 19 日访问。

《中华人民共和国政府信息公开工作年度报告格式（试行）》，以后又及时地推出修订版。这个报告格式对于推动政府数据公开起到了巨大的促进作用，因为每年各地政府网站都要根据要求报告本地政府网站的公开情况。除了按要求格式上报外，国务院也组织推进政府政务公开大督查活动，从部委到省、市、自治区，再到市、县、乡、村，都要做到政务公开。政务公开实际上就是数据公开，把该公开的数据向公众公开。政府政务公开重要的阵地就是政府网站。互联网是迄今为止最伟大的开放工具，政府网站是公众了解政府、走进政府、监督政府的重要渠道。经过10多年的努力，现在全国各地再也看不到政府网站更新不及时或栏目空白的情况。

在大数据时代之前，政府政务公开往往由公众申请，申请什么政府就给什么。好多文件公众看不到，就享受不到政策的好处。比如，10多年前安徽省芜湖市政府有一项政策，对进出口大宗设备的企业政府给予资金补贴。但7家进口设备的企业仅有3家知道有这个政策，而拿到补贴的只有两家企业，另一家企业不知道找谁要。现在，政府政务都公开了，法规、文件都上网了，公众查找非常方便。更重要的是，一些地方的政府对企业、社会组织以及居民实行精准化服务，将公共服务的事项延伸到一个个具体的个人和企事业单位。

随着政务公开、数据公开的不断走向深入，一些以往无法公开的政府行为也可以公开了。例如，政府的招标过程以前就不公开，但现在一些国家已经公开了。奥巴马政府的首席信息官维伟克·昆德拉曾被华盛顿特区的市长任命为首席技术官，他要求市政合同的投标、开标过程一律录像并在视频网站上公开。[①] 这是10多年前的事情，现在美国各地政府这么做的越来越多。中国的技术条件完全成熟，也可在政府招标、开标过程中如法炮制。党和政府对于反腐意志坚定，只要有利于反腐就应吸收借鉴。根据以前的反腐经验，在招标、开标过程中存在猫腻比较多，许多大案要案都是在这一过程中产生

① 参见涂子沛著：《大数据：正在到来的数据革命，以及它如何改变政府、商业与我们的生活》，广西师范大学出版社2015年版，第202页。

的。好多工程建设资金庞大，不采取有效措施加以遏制是无法取得反腐成功的，大量的利益输送是无法斩断的。

所以，大数据时代给政府带来了全新的面貌，过去政府官员人难见，面难看，现在由于大数据时代新技术的广泛采用，不但政府政务公开了，政府官员也和蔼可亲了（尽管不全是发自内心）。

政府开放数据具有五个方面的作用：一是服务公众，使公众办事方便；二是促进经济发展；三是为公众创新提供条件；四是满足公众的知情权；五是有利于监督政府运作。因有这么几个方面的作用，所以，无论国内国外，什么样的政府不管出于什么样的目的，都积极地促进政务公开、数据公开。在大数据时代，数据公开就能带来这么多的好处，这是好多人没有想到的。好在我们的党和政府提早意识到这一点，才下大力气在中国推动政府政务公开。

美国联邦政府的数据有三个主要来源，即业务管理的数据、民意社情的数据和物理环境的数据。经过10多年的建设，我国政府网站业务管理方面的数据已经比较充分，但其他两方面的数据尚有不足。笔者曾去延安市宝塔区调研，政府有关部门把民意社情的数据秘不示人，当作机密材料。希望各级政府网站建设下一步把民意社情的数据和物理环境的数据作为公开的重点。

"用数据来说话，用数据来管理，用数据来决策，用数据来创新"，这是大数据时代的响亮口号。但前提是数据要真实。由于历史、文化的原因，中国数据的公信力弱、质量低。好多地方官员的政绩是吹出来的，治下的许多经济数据都不真实。用这样的数据来说话、来管理、来决策、来创新，只会误国害民。所以，在数据公开时一定要讲究数据的质量，万不可把一些虚假的数据公开出来。

（三）在大数据时代，人类第一次从技术上实现了话语权的平等

话语权即说话的权力。一个人有无话语权，与身份、地位、经济、文化、受教育程度等因素有关。拥有话语权的人会对社会产生影响力。由于种种原因，历史上只有少数人拥有话语权，大多数人都属于"沉默的大多数"，不具有话语权。

在现代民主社会里，从法律上讲，公民都有话语权，但由于"技术"的

原因，许多拥有话语权的人在大数据时代之前却无法向社会行使他说话的权利。因为话语平台有限，不是每个人都能有机会登上话语的平台进行宣讲的。一些人虽然有话语平台，但媒介传播出的信息都要经过把关人取舍，由于意识形态的缘故，有许多话语也不能被公众所知。但进入大数据时代，话语平台向公众免费开放，任何人都可无障碍地在互联网、微信、微博等社交媒体上讲话。当然，由于制度、文化等原因，有些国家对公众话语内容管控严，有些放得宽，但毕竟从整体上来说，公众话语权要比大数据时代之前不知要大多少倍。所以，在大数据时代，人类第一次从技术上实现了话语权的平等。这是一个巨大的历史进步。

话语权是非常重要的权利，不是可有可无的，因为话语权往往同人们争取政治、经济、文化、社会地位和权益的话语表达密切相关。"对已有事态的解释权、对自我利益要求的申诉权、对违法违规的举报权、对欺骗压迫的抗议权、对政治主张的阐发权、对虚假事件的揭露权、对罪恶事实的控诉权、对错误观点的批判权等等，都属于话语权。"[①] 所以，话语不但是权利，而且是权力。话语是人们斗争的手段和目的。任何人如果失去了话语权，距离受奴役就为时不远了。大数据时代，人类第一次平等地得到这么重要的权利——尽管不是从实质上而是从技术上，也是一件值得庆贺的事情。

（四）大数据时代实现了法律预测

在自然科学领域，许多预测都非常准确。即使以往难以准确预报的天气，近年来也越来越预报得准确了。但在社会科学领域，预测准确比较难。即使数学化程度很高的经济学，要想准确预测某一经济现象是否出现也是非常难的。然而，随着大数据时代的到来，法律预测越来越多，越来越准确。

英国学者维托克·迈尔-舍恩伯格和肯尼思·库克耶在《大数据时代：生活、工作与思维的大变革》一书中提出了一个著名的观点："大数据的核心就是预测。"[②] 通过海量的数据，搜索到某人某物某事的相关信息，经过数学运算就

① 张国祚：《关于"话语权"的几点思考》，《求是》2009 年第 9 期，第 43 页。
② ［英］维托克·迈尔-舍恩伯格等著：《大数据时代：生活、工作与思维的大变革》，盛杨燕等译，浙江人民出版社 2013 年版，第 16 页。

可进行预测。当当网可以推荐我们喜欢的书籍，淘宝网可以预知我们需要购买的产品，QQ 可以猜出我们与谁认识。对行为进行预测是大数据的核心应用之一，目前已经在许多领域预测成功。利用大数据预测犯罪、预测裁判结果、预测选举结果、预测性执法在一些国家、一些地区已经取得了不错的效果。

犯罪预测是犯罪学理论体系的重要组成部分。从古到今，许多人都搞过犯罪预测，但在大数据时代到来之前，犯罪预测成功的并不多。譬如，龙勃罗梭就依据对罪犯的解剖学数据，得出存在天生犯罪人的结论，这其实也是一种犯罪预测，虽然有点荒唐。但在大数据时代，依据海量数据而对犯罪作出的预测却是比较精准的，成为一些地方司法机关采取行动的依据。目前，国内国外都有依据大数据进行犯罪预测的情景。

大数据时代的犯罪预测与以往的犯罪预测其采用的理论模型和实践样态基本相同，不同的是，在进行犯罪预测时所选样本及分析方式具有大数据时代特色。犯罪预测有两个基本的理论模型，即近重复理论（near repeat theory）和风险地形建模（risk terrain modeling）。环境犯罪学发现一个犯罪现象，即入室盗窃案件发生后，被盗的某一住所或附近住所在短期内再次遭受被盗的可能性更大，这就是近重复理论。风险地形建模是将地理信息技术与犯罪学传统理论予以结合，对整个区域地理环境的脆弱性和犯罪暴露作出综合评估。人和犯罪区域则是犯罪预测的预测对象，这是犯罪预测的实践样态；而防止犯罪人再犯罪则是犯罪预测的重要环节之一。[①]

以往进行犯罪预测所选样本只是小样本，样本是否具有代表性成为关键；而人的认识能力有限，所选样本往往缺乏代表性，故而犯罪预测结果难以做到准确。在大数据时代，进行犯罪预测时所选样本是全样本，样本数量非常大，掌握的情况全面，不会存在偏颇，预测犯罪就比较准确。另外，大数据抛弃了对因果关系的分析，注重数据之间的相关性分析，从根本上改变了社

---

① 吴玲：《入室盗窃近重复现象研究及其警务应用》，《湖北警官学院学报》2014 年第 8 期，第 155 页；胡铭、严敏姬：《大数据视野下犯罪预测的机遇、风险与规制——以英美德"预测警务"为例》，《西南民族大学学报》（人文社会科学版）2021 年第 12 期，第 84—91 页；张宁、王大为：《基于风险地形建模的毒品犯罪风险评估和警务预测》，《地理科学进展》2018 年第 8 期，第 1131—1139 页；陈鹏等：《风险地形建模在犯罪风险评估中的应用》，《测绘与空间地理信息》2017 年第 12 期，第 4—9 页。

会科学的实践方式。还有，大数据分析能及时地对最新数据加以更新、分析，而以往的采样分析就难以做到。使用采样分析即使能把最新数据搞到，要进行复杂的数据分析在时间上也来不及，故而预测的效果就会不理想。

在大数据时代，由于智能化的不断进步，犯罪预测准确率越来越高，警察的执法模式逐渐发生变化。以前警务的重心是案件发生后采取被动应对的方式，是一种反应式警务模式。但这种警务模式对预防犯罪所起作用不大，所以，许多国家的犯罪率居高不下。所幸，随着大数据时代的到来，犯罪预测的准确率日益提高，警察执法模式逐渐从"反应式警务"向"预测警务"过渡。现在，各地公安部门普遍建立集数据、情报、指挥、服务于一体的综合平台，把"预警"作为公安工作的重要一环，甚至是工作的重心。

国内外专家研究表明，许多国家或地区案发率虽然高，但大多数犯罪行为其实都是一小部分惯犯所为，遏制这些人的犯罪能力就可以指数级地减少犯罪率。美国兰德公司的一份报告由此提出要"有针对性地剥夺犯罪能力"，并认为"有针对性地剥夺犯罪能力是一种战略，它旨在使用客观的精算证据来提升既有系统识别和羁押那些对社会构成最严重威胁的人物之能力"[1]。大数据时代的犯罪预测为"有针对性地剥夺犯罪能力"提供了理论依据。

早在 2011 年，美国、英国就在国内的多个城市把犯罪预测系统投入运行。美国《时代》周刊更是将基于大数据的犯罪预测系统列入 2012 年度 50 大发明之一。美国《时代》周刊编创人员算是独具慧眼，因为基于大数据的犯罪预测系统确是古往今来最准确的预测，比人还要厉害。比利时统计学家凯特于 1829 年曾运用概率较为精准地预估了 1830 年法国的犯罪行为总数和罪行种类，但基于大数据的犯罪预测系统能把犯罪时间、犯罪地区甚至犯罪人预测出来，这是凯特望尘莫及的。

2013 年，北京市公安局怀柔分局开始使用"犯罪数据分析和趋势预测系统"，用于精准打击、防范、控制犯罪。该系统收录了怀柔分局近 9 年来发生

---

① 转引自郑戈：《国家治理法治化语境中的精准治理》，《人民论坛·学术前沿》2018 年第 10 期，第 45-57 页。

的 1.6 万余件犯罪案件数据，经过分类后导入系统数据库，通过预测模型，自动预测某个区域在某段时间时发生犯罪的概率以及可能的犯罪种类。各派出所根据系统的预测结果，提前增派人手，在犯罪率高发的时间地点加大巡逻防控工作。自从采用这个预测系统后，怀柔区案发率明显下降，社会治安秩序好转。① 苏州市公安局运用的犯罪预测系统，能思考、计算和学习，能预测嫌疑人何时何地出现。② 上海市公安局通过大数据技术，给涉枪人群绘制了数据"基因图谱"，只要符合其中一个或多个行为"标签"，就会自动被筛选出来。就这样，全市 3.7 万涉枪人员被系统立了档案，受到公安人员掌控。广东省公安机关构建起以人脸动态识别为核心技术的"视频云+大数据"平台，通过智能化发现可疑人员，有效地提高了警务机关的信息获取和发现能力。③

不过，进行犯罪预测也有不足。据美国犯罪学家研究，对于财产犯罪预测较为准确，而针对暴力犯罪要做到准确预测就比较难；所以，目前"预测警务"较多适用于财产犯罪。

裁判结果预测也是法律预测的重要环节。大数据时代，预测法院的裁判结果向来是人工智能研究的重要目标之一。早在 20 世纪 50 年代，美国学者 KortF 曾利用经典统计算法对司法数据进行分析，预测了最高法院的裁判结果。④ 1974 年，国外学者曾利用计算机程序预测了涉及特定资本收益税问题的税务案件的结果。⑤ 但普遍地进行裁判结果预测是新世纪以来的

---

① 参见黄洁：《北京怀柔犯罪趋势预测系统指导警务》，民主与法制网，http://www.mzyfz.com/cms/pinganzhongguo/anbaowenti/pinganbobao/html/893/2014~06~17/content~1050587.html，2022 年 9 月 15 日访问。

② 参见《神！苏州园区唯亭派出所犯罪预测系统能"算"嫌疑人何时露头》，我苏网，http://www.ourjiangsu.com/a/20171104/150979466876.shtml，2022 年 9 月 15 日访问。

③ 参见蔡长春：《准确把握时代特征提高社会治理智能化水平》，中国法院网，https://www.chinacourt.org/article/detail/2017/09/id/3009399.shtml，2022 年 9 月 16 日访问。

④ 参见张虎等：《基于法律裁判文书的法律判决预测》，《大数据》2021 年第 5 期，第 166 页。

⑤ 参见 [美] 凯文·D. 阿什利：《人工智能与法律解析——数字时代法律实践的新工具》，邱昭继译，商务印书馆 2020 年版，第 131 页。

事情。①

通过对中国法律裁判文书的研究可以进行判决预测。我国从 2013 年 7 月 1 日起开通中国裁判文书网，截至 2022 年 9 月 15 日，中国裁判文书网公开的文书总量已达 135，849，343 篇，访问总量达 946 亿人次。无论是访问总量还是文书总量都够得上大数据。值得关注的是，不但国内公众访问，而且境外访问人次也不少。截至 2020 年 8 月，海外访问中国裁判文书网的超过 15 亿次，覆盖全球多个国家和地区，其中来自美国的访问量超过 6 亿次。② 这说明，中国问题已经成为国外一些研究机构、一些学者关注的对象。

有中国裁判文书网公布的上亿份裁判文书数据，利用大数据对之进行研究，以便对我国各级法院司法裁判作出预测，成为我国一些学者研究的目标，山西大学张虎等学者就在这方面做出过尝试。张虎等人从中国裁判文书网选取了 150，000 篇刑法类法律文书和 24，060 篇离婚类法律文书作为样本，分别构建了法条预测模型、罪名预测模型和刑期预测模型，实现了案件的判决预测。③ 由于张虎等人的判决预测模型只是研究成果，并未在司法实践中应用过，实际效果如何尚不可知；但这方面的研究对于推动我国裁判结果预测无疑是有益的。

不过，在我国，一些地方法院已经在大数据基础上开始运用裁判结果预测系统，安徽省一些法院就是如此。安徽省高级人民法院与安徽富驰信息技术有限公司合作开展类案指引项目的研究开发，从 2016 年 5 月开始在安徽的一些法院试用。该项目借助大数据挖掘和分析技术，希望在裁判过程中做到类案同判，统一适用法律，统一裁判标准，提高办案效率，为法官提供多维度、多案件的分析场景，并对异常案件设置自动预警提醒。④ 除了安徽省外，

---

① 张虎等学者在《基于法律裁判文书的法律判决预测》一文中就介绍了国外一些学者在这方面的研究情况。参见张虎等：《基于法律裁判文书的法律判决预测》，《大数据》2021 年第 5 期，第 166–167 页。

② 参见《中国裁判文书网：司法公开的"亿"道亮丽风景》，中国法院网，https：//www.chinacourt.org/article/detail/2021/02/id/5821367.shtml，2022 年 9 月 16 日访问。

③ 参见张虎等：《基于法律裁判文书的法律判决预测》，《大数据》2021 年第 5 期，第 167–169 页。

④ 参见李忠好、姜浩：《安徽研发类案指引项目并试用》，《人民法院报》2016 年 6 月 21 日，第 1 版。

全国其他省、市、自治区法院也陆续建立了类案检索或指引系统，如北京市高院建立的"睿法官系统"，贵州省高院建立的"类案裁判标准数据库"，广西壮族自治区高院建立的"刑事案件智能研判系统"，重庆市高院建立的"类案智能专审平台"，等等。[①]

总之，在大数据时代，犯罪预测、裁判预测已经先后在国内国外开始应用，并在一些地方取得了不错的效果。随着大数据时代的深入推进，犯罪预测、裁判预测会越来越准确。

(五) 因果关系在一些领域被相关性取代

因果关系是各种自然现象和社会现象之间的一种内在的必然联系。两千多年前，哲学家就开始研究因果关系。亚里士多德把因果关系作为重要哲学问题加以研究，释迦牟尼则把因果作为重要的佛教理论。神话思维不讲逻辑，不讲理性，不讲因果关系。在理性思维和理性行为中，因果关系至关重要。所以，几千年来，因果关系成为人们探求自然规律和社会规律的金钥匙。在大数据时代之前，人们在法律活动中离不开因果关系，尤其在刑法的犯罪构成理论和民法的民事责任理论中，因果关系非常重要。

然而，如此重要的因果关系，在大数据时代却不被看好，在一定程度上被相关性取代，这是一个重大的思维变革。"大数据时代对我们的生活，以及与世界交流的方式都提出了挑战。最惊人的是，社会需要放弃它对因果关系的渴求，而仅需关注相关关系。也就是说只需要知道是什么，而不需要知道为什么。这就推翻了自古以来的惯例，而我们做决定和理解现实的最基本方式也将受到挑战。"[②] 其实，大数据时代不重视因果关系而重视相关性在很大程度上是在实践中摸索出来的。亚马逊是美国著名的网站，做售书业务。为了多售书，最初雇请了20多人的团队，撰写书评，推荐新书。与此同时，亚马逊公司的创始人杰夫·贝索斯想出一个主意，决定根据客户以前的购物喜

---

① 参见刘磊：《通过类案比较实现"类案同判"——以司法场域分析为视角》，《地方立法研究》2022年第2期，第96页。

② ［英］维托克·迈尔-舍恩伯格等著：《大数据时代：生活、工作与思维的大变革》，盛杨燕等译，浙江人民出版社2013年版，第9页。

好，为客户推荐具体的书籍。客户的信息数据量大，如何依据这些信息数据量推荐书籍呢？公司人员意识到要找到产品之间的关联性。经过一段时间，公司将书评家所推荐书籍的销售量与依据相关性原理由网站推荐书籍的销售量进行对比，发现网站推荐书籍的销售量大大高于书评家推荐书籍的销售量。自然，书评家团队解散了，因果关系被相关性取代。"相关关系很有用，不仅仅是因为它能为我们提供新的视角，而且提供的视角都很清晰。而我们一旦把因果关系考虑进来，这些视角就有可能被蒙蔽掉。"①

我们知道，在小数据时代，运用的是简单直接的线型因果关系；而在大数据时代，采用的是关联思维模式。在社会治理过程中，要实现良法善治，就需运用相关性思维，洞察关联案件的前因后果、发生背景、过错情况，对涉及社会影响、文化习俗、公共政策等边际性事实一定要搞清楚。②

在法律中，刑法、民法都要涉及因果关系。刑法的犯罪构成理论认为犯罪行为与犯罪结果之间必须要有因果关系。也就是说，要确认行为人是否对其行为所产生的结果负刑事责任，就必须查明行为人的行为与结果之间是否具有因果关系。有因果关系才承担刑事责任，没有因果关系则不承担刑事责任。而民法中当事人要承担民事责任的前提是行为人的违法行为与损害事实之间存在因果关系。也就是说，损害结果是由违法行为造成，违法行为是造成损害结果的原因。所以，要承担刑事责任和民事责任都离不开因果关系，因果关系是法律中至关重要的理论问题。

因果关系是一种确定性关系，而大数据中的相关关系是一种不确定关系。以往在法律中的因果关系认定上严格遵守确定性关系，但现在，有关司法解释已经有所改变。《最高人民法院关于审理环境侵权责任救济案件适用法律若干问题的解释》第6条规定，污染者排放的污染物或其此生污染物与损害之间只要具有关联性，环境侵权者就应承担侵权责任。大数据时代的隐私权侵

---

① ［英］维托克·迈尔-舍恩伯格等著：《大数据时代：生活、工作与思维的大变革》，盛杨燕等译，浙江人民出版社2013年版，第88页。

② 参见卞宜良：《大数据思维变革对司法裁判的启示》，中国社会科学网，http://ex.cssn.cn/fx/201904/t20190430_ 4873135.shtml，2022年9月16日访问。

权也规定，原告只要证明被告行为与结果之间具有关联性，被告就应承担侵权责任。这是由于在大数据时代，侵权具有复杂性和不确定性，如果在因果关系上还要求具有确定性，原告的权益就无法得到有效保护。"相关性分析虽然表现为数据分析，但数据分析不是关键，关键是种类划分，即从什么角度以什么方式将那些事物视为同种类。因此，相关类分析体现为在社会环境下，在一大堆看起来没有多少关联性事物中找出'因果'关系，或者'关联物'。"①

（六）大数据使交易形态从物品变为服务

大数据时代使我们不但要面对现实世界，还要面对虚拟世界。以往经济活动的动力是各种资源，如石油、钢铁、电力等等。但到了大数据时代，经济活动的动力变为数据。数据是21世纪的石油。有人甚至说：得数据者得天下。通过对政坛、经济界的考察，这句话颇有几分道理。美国联邦政府拥有庞大的数据，美国新闻业和银行业拥有的数据与政府平分秋色。美国制造业拥有的数据两倍于联邦政府。全世界每年新增加的数据量非常大。中国现在已成为数据大国，但还不是数据强国。

数据同企业的固定资产和人力资源一样，已经成为生产过程中的基本要素。生产要素包括劳动力、土地、资本、信息、数据、技术六种，数据已经成为数字经济时代最为关键的生产要素。作为生产要素，数据与其他生产要素相比有其独特的特点。原材料作为生产要素，具有强烈的排他性；数据可多人共享，且共享的人越多，数据不但不会贬值，还会增值。所以，数据作为生产要素它的优越之处是别的生产要素所无法比拟的。

信息时代的竞争就是数据的竞争，因为数据是知识的源泉。没有数据就没有知识，数字经济时代的价值和利润依靠利用数据实现。数字经济与大数据密不可分。数字经济的发展推动一大批互联网企业飞速发展。以前，我国数字经济较为落后，1996年，我国数字经济规模为430亿美元，只占美国数

---

① 张浩：《大数据与法律思维的转变——基于相关性分析的视角》，《北方法学》2015年第5期，第16页。

字经济的 1/63，日本的 1/23；2016 年，我国数字经济达 3.9 万亿美元，仅次于美国。[①] 2020 年，我国数字经济达 39.2 万亿人民币。[②] 目前，我国数字经济的发展是走在世界前列的，所以，我国著名的互联网企业在世界上也位居前列，知名度非常高的不少。2016 年度，全球市值 20 强的公司中国有三家，其中两家是数字化企业，即腾讯和阿里巴巴。[③] 数字经济是一种新的经济社会发展形态，以使用数字化的知识和信息作为关键生产要素。只要是架构于数字化之上的行业，都属于数字经济。美国经济在 20 世纪 90 年代增长非常快，就是由于数字经济在拉动经济增长。现在各国政府都把发展数字经济作为推动经济增长的重要手段，都作出数字经济发展的战略规划。数字经济不但能驱动经济快速发展，而且能提高经济发展的质量，加快实体经济的转型升级。中国政府也重视数字经济的发展，2017 年，首次在《政府工作报告》中提出"数字经济"的概念。

数据是一种极其重要的战略资源，各国都在抢占。发达国家想方设法掠夺发展中国家的数据资源，而发展中国家许多人对此尚未意识到，不知不觉中就把极为重要的数据资源让发达国家掠夺去。中国一些与大数据相关的企业在美国上市，就有可能把庞大的数据资源泄露到境外，如滴滴全球股份有限公司未经有关部门批准，就准备在美国上市。好在有关部门及时发现问题，加以制止，避免了数据的泄露。

在数字经济飞速发展的今天，市场交易的形态开始从物品转变为服务。吃饭叫外卖，打车有"滴滴"，买东西有电商。生活中的交易对象越来越多的是服务，而不是物品。这是一个巨大的改变，是互联网、大数据给人们带来的"福音"。随着这种改变，法律也要产生变化，为"服务"而服务。

---

① 参见马化腾等著：《数字经济——中国创新增长新动能》，中信出版集团 2017 年版，第 14-15 页。

② 参见关俏俏、林光耀：《中国数字经济规模达 39.2 万亿元》，中国政府网，http://www.gov.cn/xinwen/2021~09/26/content_5639469.htm，2022 年 9 月 25 日访问。

③ 参见马化腾等著：《数字经济——中国创新增长新动能》，中信出版集团 2017 年版，第 18-19 页。

三、大数据的法律保护

从小数据到大数据，数据发生了质的变化，数据的法律属性也产生了变化。数据的出现历史很悠久，以往我国法律对数据的保护只限于一部分数据，在知识产权领域以及隐私信息方面加以保护；而普通的数据并没有成为法律保护的客体。但是，大数据它的价值远比以前的小数据要大，在大数据、移动互联网、云计算等基础上发展起来的数字经济更是引领全球经济增长的重要引擎之一，所以，对大数据这样重要的"新生事物"，不注重是不行的，不用法律加以保护也是不行的。

数据最普通的是数字，再加上文字、符号、图形、图像、视频、音频等。看似没有多大奥秘，但把它集合起来成为巨量，就会具有无穷的创造力。现在社会许多商业模式和业态都是在大数据与人工智能的结合下催生的，大数据驱动的智能经济与社会已经向我们款款走来。

大数据是很多 IT 企业的核心资产。像超图软件、大智慧、科大讯飞、四维图新这些 IT 企业若把大数据从企业中剔除，就难以存活。所以，这些 IT 企业为数据而发生纠纷甚至打官司的不少，如上海钢联是从事钢铁行业及大宗商品行业信息和电子商务增值服务的互联网平台综合服务商，在上海、江苏、北京、广东等地法院起诉多家网站未经许可使用其网站的钢材交易数据。所以，在大数据时代，对数据的保护已经是想不想保护的问题，而是要刻不容缓地加以保护，迟缓一下一些企业就要遭受侵权，甚至因侵权受不到保护而倒闭。

21 世纪以来，国内国外有关数据纠纷案件从未间断，涉及民事、行政和刑事几个领域，甚至从反不正当竞争领域延伸到了反垄断领域。与数据有关的企业巨头如 Google、Facebook、百度、阿里、腾讯、今日头条、新浪、大众点评等公司均涉其中。由于大数据是 21 世纪以来人们才重点关注的对象，以前法律规范不多，存在许多法律保护上的漏洞，所以，业界出现的无序状态涉及面比较多，产生的纠纷自然比较多。但这种无序状态是任何新生事物发展过程中的必经程序，如果政府过早对大数据作出规制，对大数据的正常发展未必有利。欧盟由于过早制定了《欧盟数据库保护指令》，以规范互联网企业，致使互联网企业发展缓慢，直接影响了数字经济的发展。阿里巴巴集团首席风险官、集团秘书长邵晓锋说："在高速发展过程中，我们要接受一些无序的状态。对于电商这样的新生事物，没人预先给你一个理想模式，政府主管部门、社会、消费者要包容它有一个阶段的无序高速发展。当一个形态刚开始萌芽的时候，政府守住 20% 的底线就行，另外 80% 让企业自己去干；当市场逐渐成熟，80% 都要趋于规范。"① 那么，大数据企业经过一二十年的发展，日益走向成熟，就要完善法律，对之规范、保护。

大数据是从国外先发展起来的，国外法律如何保护大数据呢？早在 1976年，联邦德国（西德）制定的《联邦数据保护法》，就通过保护个人数据在处理过程中不被滥用来保护个人利益不受损害；1978 年，法国制定的第一部个人数据保护法将个人、私生活、人权或公共自由作为其保护对象。

1995 年 3 月 11 日欧洲议会通过了《欧盟数据库保护指令》，该指令是全世界有关数据保护的一个重要法规，为数据库作者提供了版权和特别权两种保护方式。版权保护针对的是数据库的结构，不涉及内容。特别权利保护的是数据库的整个内容或实质性部分。两方面保护结合起来，对于数据库的保护就完整了。由于数据的特殊性，仅用版权法对数据加以保护是不完整的，起不到有效保护作用，而《欧盟数据库保护指令》的出台就弥补了以往版权法对数据保护的缺陷。2018 年制定的《通用数据保护条例》将替代 1995 年制定的《欧盟数据库保护指令》。《通用数据保护条例》规定网站经营者必须事先向客户说明会自动记录客户的搜索和购物记录，并获得用户的同意，否则视为违法；用户个人可以要求责任方删除关于自己的数据记录。

德国作为欧盟重要一员，根据《欧盟数据库保护指令》和《通用数据保护条例》对自己的著作权法进行了修订，把《欧盟数据库保护指令》中的两

---

① 《无序状态是电商高速发展的一个阶段》，东方财富网，https：//finance.eastmoney.com/a2/20130911321932471.html，2022 年 9 月 21 日访问。

种保护方式都纳入其中。

美国作为数据大国，可不能在数据保护方面落后，使自己吃大亏。美国长期以来都是用版权法保护数据库，但自从《欧盟数据库保护指令》出台后，美国上下都坐不住了，希望制定一部类似《欧盟数据库保护指令》那样的法律。

1790 年颁布的《美国版权法》以"额头流汗"标准，也就是把汇编人的技能、劳动或金钱成本，作为对汇编作品进行法律保护的理论基础。19 世纪后叶，逐渐强调汇编人的原创作用，但劳动标准并没有废弃。1991 年，美国联邦最高法院审理的 feist 案彻底抛弃了"额头流汗"标准，认定对事实、信息的汇编必须具有原创性，否则不具有版权。所以，建设的数据库也需要具有原创性，否则法律不予以保护。

《欧盟数据库保护指令》颁布后，美国国会数次讨论颁布保护数据库的法律，均因意见分歧太大而未通过。美国立法者希望采用商业条款下的立法模式，而不愿采用知识产权模式。在具体案件纠纷中，法院一般采用的是反不正当竞争法来规制获取数据的非法行为。在 Facebook 诉 Powerventures 案中，明确判定 Facebook 享有对数据的相关权益。

日本对数据库采用著作权保护模式，要求有创新性。[①]

国际上对于具有独创性的数据库普遍采用知识产权法加以保护，而对不具有独创性的数据库采用的保护方式分为两种方式，一是欧盟的保护方式，一是美国的保护方式。欧盟采取了"特别立法"方式，即采用 1995 年通过的《欧盟数据库保护指令》，指导各国立法。美国试图仿照《欧盟数据库保护指令》进行立法，无奈法案多次在议会无法通过。于是，只好采用合同方式，绑定与使用者之间的法律关系。使用者在上网前必须同意网站提供者的制式合同才可以取得浏览通行或使用的许可。看起来公平，其实是使用者被迫无

---

① 参见杨悦：《大数据的权利保护与竞争行为规制》，浙江工商大学 2020 年硕士论文，第 21—29 页；任寰、魏衍亮：《国外数据库立法与案例之评析》，《知识产权》2003 年第 2 期；［荷兰］玛农·奥斯特芬著：《数据的边界——隐私与个人数据保护》，曹博译，上海人民出版社 2020 年版，第 124—186 页。

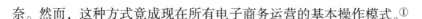

奈。然而，这种方式竟成现在所有电子商务运营的基本操作模式。①

中国对大数据保护分为民法保护、行政法保护和刑法保护。在民法保护中最重要的是知识产权法保护，这是全世界范围内许多国家采用的方式。

我国在大数据上并没有设定相关权利，数据权实质上没有得到法律的认可。司法实践中一些因数据发生纠纷的案例法官用反不正当竞争法保护数据拥有者一方的权益。但适用反不正当竞争法具有局限性，对大数据的保护存在缺陷，不能完整、有力地保护大数据。所以，必须从法律的不同侧面、不同角度保护大数据。

数据权是一项新兴权利，新兴权利在形成过程中一般要经过个案裁判、司法解释和法律规定几个环节。虽然数据产品作为交易客体已在我国广为存在，但在司法实践中遇到数据纠纷时，却未获得"嫁接"或"创设"式承认。司法实践中法官有适用物权法的，有适用合同法的，有适用个人信息保护法的，有适用竞争法的，有适用知识产权法的。（1）若适用物权法，就会遇到对数据属性的判断。那么，数据是属于公有还是私有？政府网站上的数据自然是公有，但阿里巴巴这些私有企业网站上的数据就难说是公有。数据具有公共性，但从数据的收集、使用、处理和存储过程，私有企业、外资企业都作出过巨大贡献；若非要把大数据归为公有，于情于理都讲不过去。数据不具有物权属性，因为数据离不开电子载体，物的独立性是不具备的。数据可以随意复制，没有排他性。（2）若适用合同法，则会忽视数据交易的客体。数据在交易过程中当然要用合同，属于无名合同。在破产案件中，存在的问题是，假如法官仅仅依据数据服务合同作出判断，就会对相关数据难以作出处置。（3）若适用个人信息保护法，则既不能有效保护个人信息，也不能回应个人数据的权属问题。目前，我国保护个人信息的法律有好多，除了《个人信息保护法》外，还有《民法典》《网络安全法》《电子商务法》《消费者权益保护法》《刑法》等。在信息收集过程中，常常取得了个人同意，但

① 参见孙远钊：《论数据相关的权利保护和问题——美国与欧盟相关规制的梳理与比较》，《知识产权研究》2021年第1期，第14-18页。

未能得到网站（企业）同意。数据权利与个人信息权利是有区别的。（4）若适用竞争法，则激活《反不正当竞争法》第 2 条具有极大的不确定性。法院的判决结果有时对原告有利，有时则对被告有利，原被告谁对判决结果都没底。（5）若适用知识产权法，可数据与作品是不同的。数据不具有知识产权的独创性、法定性和期限性特征，不必然是智力劳动成果。数据可与多人共享，不具有独占特征，这是同作品完全不同的。数据的权益是多元的，兼具国家主权、财产权和人格权的属性。① 总之，对数据进行法律保护需要在法律实践中多加探索，不断完善。数据权涉及著作权、隐私权、人身权、商业秘密权和合同债权等法律问题，属于比较复杂的新兴权利。而大数据又如此重要，对大数据的法律保护该引起不同部门法学家的共同关注了。医院对疑难病例往往是各个科室医生共同协作，联合诊疗；法学界面对数据权也该如此了。

数据只有经过算法处理后才会产生价值。算法可对数据进行有规则的转换。人类的计算分为两大类，即对物理环境的计算、对人与社会的计算。大数据时代最大的贡献在于继以往对物理环境能实行计算后，现在又对人与社会实行计算。社会问题在大数据时代变得越来越可以计算，或者说通过计算就可把许许多多的社会问题解决了。正因为人与社会都离不开计算，所以，智能算法才在这个社会显得格外重要。算法决定了数据的价值。数据的抓取、处理和提炼都离不开智能算法。数据价值的生成，数据权利的诉求以及维护，都与算法有关，算法在其中起了重要作用。通过算法的规制手段，可以明确数据权利行使的空间。

四、大数据的合法性问题

大数据不会自动从天上掉下来，需要收集。收集的大数据需要存储、利

---

① 参见韩旭至著：《人工智能的法律回应——从权利法理到致害责任》，法律出版社 2021 年版，第 80-87 页。

用。利用大数据是收集、存储大数据的目的。收集、存储和利用大数据的过程是要严格依法办事，不能非法作为。但在法律实践中，存在不少非法收集、存储和利用大数据的事例，中外都有。

在美国，政府部门要收集信息也就是收集数据，要遵守的程序非常严格，需要事先向预算局下的信息与管制办公室（OIRA）提出申请，提前60天在《联邦公告》上公示，听取其他政府部门和整个社会就收集信息的内容和方式方面的意见。程序都合法后，信息与管制办公室会颁发"信息收集许可号"，方可开始收集信息。总之，政府部门收集信息程序是非常严格的，不是想怎么收集就怎么收集，想什么时候收集就什么时候收集。因为立法者认为政府收集信息对公民来说是一个负担，随意收集信息就是随意扰民。设置严格程序就是为了减少随意用信息扰民。另外，信息与管制办公室每年还要编制信息收集预算，计算政府部门在收集信息时会给公民带来多少负担。不过，由于信息社会的到来，新制定的法律往往要求收集新的信息，每年的信息扰民时间不但没减少，而且不断增加。从美国政府的所作所为，我们至少要清楚，在现代社会里，政府在收集信息时，若涉及老百姓的利益，至少要有所收敛，不能说我想干什么就干什么；尽管是为了公共利益，但进行过程中难免要扰民，那就得三思而行。

在收集大数据时，涉及保护公民隐私问题；因为数据收集者一不小心，就会侵犯公民的隐私权。在西方社会，保护公民隐私权有着悠久的历史传统。早在古希腊、古罗马时期，家就被当作私人领域的中心，家中的隐私受到法律的保护。18世纪的英国首相威廉·皮特曾说过一句名言："风能进，雨能进，国王不能进。"即使是普通老百姓的破烂房屋，国王也不能随意进入。这说明西方社会对于人们的隐私保护是非常严格的。西方社会最早的隐私保护关注的重心是保护住宅的隐私，个人的城堡不受政府或任何个人的监督，自己待在城堡中不受干涉发展个性。但随着科学技术的不断发展，电话的发明方便了窃听，照相机的出现有利于偷拍，警方的各种秘密监控手段层出不穷。所以，隐私权的保护重心从住宅变为人。进入信息时代，个人身份数据在政府、学校、医院、银行、机场、酒店、商场、电讯公司、网络公司等诸多组织中都留下了"记录"。特别是新冠疫情爆发后，广泛采用二维码，人们所到之处必须扫码方可进入，每个人都成为透明的人。所以，隐私权的保护重心又从人变为"数据"。1974年《美国隐私法》的颁布，对于保护个人信息隐私权起到了重要的作用。该法规定个人有权知道其信息的使用情况；政府机关收集保存的公民个人信息，只能用于信息收集时的既定目的，不能用于其他目的。[①]

在大数据时代，对数据的收集不仅国家重视，作为私有企业的网络运营者也特别重视，并在收集过程中严格遵守法律。

我国《网络安全法》第41条规定："网络运营者收集、使用个人信息，应当遵循合法、正当、必要的原则，公开收集、使用规则，明示收集、使用信息的目的、方式和范围，并经被收集者同意。网络运营者不得收集与其提供的服务无关的个人信息，不得违反法律、行政法规的规定和双方的约定收集、使用个人信息，并应当依照法律、行政法规的规定和与用户的约定，处理其保存的个人信息。"应当说，我国《网络安全法》的立法精神与世界的主流法律的立法精神是合拍的，这说明我国在立法过程中参考了世界许多国家的立法内容。

结　语

大数据是信息化、数字化时代的产物。大数据开辟了一个崭新的时代，改变了人们的思维方式。大数据使许多法律思维方式发生变化，影响了法律的变革。

西方社会素有重视数据文化的传统，实行"数目字管理"是近现代西方社会崛起的一个重要缘由。中国传统文化是数据匮乏的文化，也是中国落后于西方的原因之一。收集数据是一种意识，使用数据是一种文化，开放数据

---

① 参见涂子沛著：《大数据：正在到来的数据革命，以及它如何改变政府、商业与我们的生活》，广西师范大学出版社2015年版，第125页。

是一种态度。这种面对数据的意识、文化和态度需要培养，需要养成习惯。中国人在不重视数据的同时，还喜欢捏造数据，片面解释数据，人为控制数据的收集，暗箱操作私下修改数据；因此，数据的公信力在中国是严重不足的。现在，中国已经成为数据大国，但距离数据强国还有不小差距，还需要改变传统文化中对数据的消极态度。

数据是重要的生产要素，需要加快培育数据要素市场。大数据的产生非常迅速，其核心特征是价值。要善于挖掘数据的价值，把无用的数据变得有用，把作用不大的数据变得作用更大。挖掘数据就是对数据进行计算，大数据会使我们迈向一个计算型的智能化的社会。

大数据能促进社会的进步，能引领数字经济的发展，能给百姓生活带来便利，能给人民安全提供保障。对于大数据需要予以法律保护，但从国内外的立法情况来看，在一个新兴行业高速发展的过程中，在经验不足的情况下，不宜过早对之加以规范，恰恰需要接受适当的无序状态，这样才有利于行业正常的发展。如果过早用法律对新兴行业加以规范，反而不利于该新兴行业的健康发展，会过早扼杀新兴行业的创新，《欧盟数据库保护指令》就是例证。中国对于数字经济的监管措施制定的不是那么及时，中国的互联网企业受的束缚比较少，发展速度才比较快，在世界范围内有影响的企业也比较多。而欧盟的互联网企业受《欧盟数据库保护指令》束缚比较多，该法固然对于公民的隐私权保护的较为充分，但对经济发展的负面影响也比较大。有人说，阿里巴巴如果放在金融监管比较严的北京、上海，支付宝可能早早会胎死腹中。庆幸的是，阿里巴巴诞生在杭州，在私有经济发达的浙江，监管措施相对松散一些，这样阿里巴巴才会顺利起飞，成为中国电商行业中的航母。

第四章
实证主义法学的数学解读

实证主义法学是近现代法学中的一个重要的流派，对法学、法律的发展影响巨大。实证主义法学是在实证主义哲学基础上产生的，没有实证主义哲学就没有实证主义法学。实证主义哲学的出现与近代自然科学的兴起有着密切的关系，而近代科学的发展离不开数学的引领。自从伽利略在科学研究中创立只描述不解释的新范式后，科学就开始突飞猛进地发展了。数学先是影响了自然科学，然后影响了社会科学；迄今，科学的数学化仍在向前推进。在人类历史上，许多哲学流派的兴起都与数学的影响有关，许多哲学家的哲学观点也是在数学的启迪下产生的；没有数学，这个世界会荒凉许多，许多创造性的观点就出现不了。毕达哥拉斯的哲学离不开数学，柏拉图的哲学离不开数学，笛卡尔的哲学离不开数学，实证主义哲学也离不开数学，建立在实证主义哲学基础上的实证主义法学当然也离不开数学。

对实证主义法学国内已有多人研究过，出版的专著，发表的论文非常多。但是，从数学角度研究实证主义法学的论著似乎还没有。本书作者抛砖引玉，希望这方面的研究成果越来越多，把研究引向深入，使大家能够看到实证主义法学是怎样把数学这个"硬核"包裹在里面，在法学科学化进程中起到引领作用的。

当然，在对实证主义法学进行数学分析时必须对实证主义法学概念作一界定。沈宗灵教授认为，从狭义上讲，实证主义法学又称分析实证主义法学，指各种分析法学派。从广义上讲，实证主义法学包括各种形式的社会学法学派和历史法学派，因此，社会学法学又称社会实证主义法学。从哲学上讲，所有资产阶级法学派别可归为两大类：一类是广义的实证主义法学，一类是自然法学或其他哲理法学派。[①] 李桂林、徐爱国教授认为，从广义上来说，实证主义法学与法律实证主义同义，包括分析法学、历史法学和社会学法学；从狭义上来说，法律实证主义特指分析实证主义法学，指奥斯丁、凯尔森、哈特、拉兹和麦考密克等人的法学理论。[②] 本书用数学解读的主要是分析实证主义法学，一些地方也涉及社会学法学。

一、科学的历史是人类历史的本质部分

数学化是近代科学的基本特征之一，是科学走向成熟的一大标志。人类社会的科学出现得很早，两河流域在六七千年前就有了科学。那时，虽然数学已有一定程度的发展，但科学的数学化程度还很低。古希腊数学家毕达哥拉斯提出了"万物皆数"的理论，此理论对推动科学的数学化功莫大焉。不过由于人类的数学方处童年时期，初等数学发展还不完善，距离变量数学的发明尚早；所以，尽管能提出"万物皆数"的理论足以称得上伟大，但真正在现实中能寻找到"万物皆数"这样的实证并不多。亚里士多德在《物理学》一书中，没有采用过一个数学公式，数学化的影子完全寻不到。好在数学是不断向前发展的，终于，到了文艺复兴时期，数学为科学的数学化提供了条件。伽利略吹响了科学数学化的号角，先在自然科学中，后在社会科学中，科学的数学化风起云涌，掀起一股强大的洪流。至今，科学的数学化方兴未艾，在自然科学中已经取得了巨大成功；而在社会科学中不断推进，在一些学科如经济学中已成果辉煌。

---

① 参见《中国大百科全书》总编辑委员会编：《中国大百科全书·法学》（修订版），中国大百科全书出版社 2006 年版，第 457 页。

② 参见李桂林、徐爱国著：《分析实证主义法学》，武汉大学出版社 2000 年版，第 1-2 页。

那么，什么是科学的数学化呢？科学的数学化是指科学运用数学方法实现理论的定量化和精确化，这是近现代科学的主导因素。随着科学的不断发展，数学广泛渗透到自然科学和社会科学各个学科领域，从以往对事物的经验定性描述阶段发展到对科学的定量与定性相结合的阶段。

在人类历史上，巫术、宗教曾经起过重要作用。随着社会的不断发展，科学的作用日益重要，在社会的许多群体中，已经取代巫术、宗教，成为新的意识形态。乔治·萨顿说过："科学的历史虽然只是人类历史的一小部分，但却是本质的部分，是唯一能够解释人类社会进步的那一部分。"[1] 由于历史是任人打扮的小姑娘，而历史又是胜利者书写的，因此，真实的历史事实往往难以寻求。不过，科学由于具有客观性，不容易被人"打扮"，从而构成历史本质的部分。尤其是近现代科学，由于具有鲜明的数学化特色，更具客观性，书写起来真实性更强。科学已经构成了当今时代的重要特征，是人类文化的最高最独特的成就，是人类知识的最高形式。一个民族、一个国家、一种文明，如果缺乏科学，会被断定为文化落后。

在历史上，巴比伦、埃及、印度和中国四大文明古国均为后世开辟了不同的科学传统。早期的文明古国往往在数学、天文学和医学学科方面建树较多，因为这些学科领域与人类的生产生活关系密切。

美索不达米亚文明是苏美尔人、巴比伦人、亚述人和新巴比伦人共同创造的文明，又统称巴比伦文明。美索不达米亚文明数学较为发达，在公元前1800年前就已发明了60进制的计数系统。会加减乘除四则运算，会解一元二次方程，会算出等差数列和等比数列之和，已有三角形相似及对应边成比例的知识，会计算简单平面图形面积和简单立体图形体积。美索不达米亚人把圆周分为360度，此做法一直沿用至今，传播到世界各地。

美索不达米亚文明天文学非常发达，公元前4000年前就发明了阴历和计时方法，设置闰月，将1小时分成60分钟，1分钟分成60秒。编制了日月运行表，能准确地查出日食、月食发生时间。巴比伦人发明了一个新的时间单

---

[1] 转引自吴国盛著：《科学的历程》（第4版），湖南科学技术出版社2018年版，第36页。

位——周，即把一周的每天分别与太阳、月亮及金木水火土五个已知的行星相对应。一些星象家已经认识到地球是一个球体，这个认识实在太伟大了。

美索不达米亚人在公元前 4000 年前左右就已发明了青铜器，但更伟大的是，约在公元前 1500 年赫梯人发明了炼铁术，这是世界公认最早发明炼铁术的地区。此后不久，亚述人就学会了冶铁术。铁的高硬度与铁矿的高储藏量（相比铜）使生产力迅速提高，极大地促进了农业的发展。

美索不达米亚人注重城市建设，新巴比伦城建有号称世界七大奇观之一的巴比伦空中花园。公元前 3000 年建有的巴别塔，也是古代社会一个著名建筑物。

埃及人创造了人类史上最早的太阳历。公元前 4000 年，埃及人就把一年定为 365 天，把尼罗河每年一度的泛滥当作一年的开始。埃及人还知道 120 年后会少 30 天，1460 年后会少 365 天，正好一年。于是，埃及人便把 1460 年视为一个周期。这样长的一个周期，说明埃及人具有长期细致的观察能力。埃及人的天文观察也有相当的成就，认识了不少恒星。埃及人在数学上也非常有成就，尤其是几何学较为发达，知道圆面积的计算方法，能计算矩形、三角形、梯形的面积与立方体、箱体、柱体的体积。在代数学上，埃及人能解一次方程和最简单的二次方程。

埃及人在医学上的成就比较杰出，在制作不易腐烂的木乃伊的过程中，解剖学知识大涨，外科技术得到了提高。留下来的公元前 1600 年左右的埃伯斯纸草记载了 47 种疾病的症状和诊断处方，表明埃及人的内科技术也有相当的成就。埃及人配置药物和香料的技术也非常先进，经希腊传到了西欧。

当然，埃及最有名的文化标志是金字塔。现今知道的金字塔有 80 多座，最大的胡夫金字塔建于距今 4700 年左右，高 146.5 米，底边宽 240 米，由 230 万块平均重 2.5 吨的正方体大石块垒成。被誉为"塔势如涌出，孤高耸天宫"① 的大雁塔只有 64.5 米高，而胡夫金字塔在古代几千年中一直居于人工

---

① ［唐］岑参：《与高适、薛据同登慈恩寺浮图》云："塔势如涌出，孤高耸天宫；登临出世界，磴道盘虚空。"

建筑物之最。当时只有木制、石制和铜制建筑工具，要建筑这样高大宏伟的建筑物实在令人叹为观止。

印度是人类文明的发祥地之一。古印度的历史悠久，但从未形成过高度统一的中央集权制国家，从未形成过统一的语言，宗教盛行，种姓世袭。古印度采用十进制计数制，引进了负数、无理数运算，会解不定方程。古印度人创造了零的概念和数字符号0，这是印度人在数学上的重大贡献。

印度宗教崇尚大慈大悲、普度众生的仁爱思想，致使印度的医学比别的文明要发达一些。外科医生能做断肢、剖腹、割治白内障、耳鼻唇整容等手术。印度人不但能识别天花、关节炎、麻风、黄疸、精神病以及流产等，还会使用免疫疫苗、驱虫药。

中国是延续几千年未曾中断的文明古国。农耕自然经济是中国古代社会经济的主体，传统中国社会是以农立国的，农民追求的是安居乐业，宗教意识非常淡漠，重视现实世界，不喜玄想，遵从生活经验。中国古代的科学具有实用性、经验性的特征，中国人发展起来的四大核心学科是农、医、天、算。很早的时候中国人就兴建大型水利工程，如都江堰、郑国渠。在商代，先民认识到某些植物的汤液对疾病具有治疗作用。到了西周时期，已出现专职的医生和医疗制度。春秋战国时期，中国的医学体系初步建立。

中国人很早就注意天象观测，知道一年有366天，能根据恒星划分春夏秋冬四季。《诗经》中有"七月流火""三星在户"的诗句，说明当时的天文知识已经很普及。殷商时期用干支记日，数字记月，大月30日，小月29日，遇到闰月则放到年底。

殷商已有完整的十进制，算筹计数最迟在春秋、战国即已出现，而在《墨经》中已有"无穷"的概念。在《九章算术》中，出现了小数、分数、几何图形的度量。祖冲之计算出的圆周率在当时世界上是最精确的，并且保持了近千年的世界纪录。

青铜器和铁器在中国出现的较晚，与两河流域相比落后太多。但中国的冶炼术和铸造术却非常先进。在青铜器冶炼上，对铜和锡的配方掌握得恰到好处，铸造的钟鼎、戈戟、刀剑、箭头、铜镜都采用了不同的配方，达到世界领先水平。春秋战国时期，我国的生铁冶铸技术和铸铁柔化术也是非常先进的，领先欧洲上千年。

当然，在古代，就综合科学成就来说，古希腊无疑勇夺冠军。可以说，近代科学的思想根源在古希腊，古希腊是科学精神的发源地。正如学者吴国盛所说："希腊科学是近代科学的真正先驱，几乎在每一领域、每一问题上，希腊人都留下了思考，都是近代科学的老师。"①

古希腊的科学成就也不是一蹴而就，而是汲取了两河流域和尼罗河流域的科学精华。古希腊第一个哲学家兼科学家泰勒斯以及被哲学家罗素称为"自有生民以来在思想方面最重要的人物之一"② 的毕达哥拉斯，他们早年都曾在美索不达米亚、埃及学习当地的先进文化。希腊的科学和哲学从希腊神话中脱胎而来，而希腊神话从神的谱系、名字以及神话典故都与埃及、西亚有关。但希腊人却把这些先进文化来了一个创造性的转换，并发扬光大，使希腊文化成为世界古代史上最为辉煌灿烂的一页。

在人类历史上，希腊人在数学上的成就最大。提出"万物皆水"的泰勒斯，像他的众多后辈一样，因提出了著名的错误理论而名垂青史。但他发现的数学定理虽经过数千年的历史而无可更改，让后人挑不出刺。泰勒斯证明了几何学中的一些重要的定理，如：等腰三角形两底角相等；相似三角形的各对应边成比例；圆的直径将圆分成两个相等的部分；若两三角形两角和一边对应相等，则两三角形全等。当然，还有以泰勒斯名字命名的"泰勒斯定理"：半圆上的圆周角是直角。数学史上第一个以人名命名的数学定理就从泰勒斯开始。

紧随泰勒斯的是著名哲学家、数学家毕达哥拉斯。他证明了毕达哥拉斯定理（中国称"勾股定理"）。与其他数学家不同的是，毕达哥拉斯定理是用诗歌形式书写的："斜边的平方，/如果我没有弄错，/等于其他两边的/平方之和。"③ 毕达哥拉斯还发现了黄金分割率、音乐与数学的关系。地球是一

① 吴国盛著：《科学的历程》（第 4 版），湖南科学技术出版社 2018 年版，第 84 页。
② ［英］罗素著：《西方哲学史》（上卷），何兆武、李约瑟译，商务印书馆 1963 年版，第 55 页。
③ 蔡天新著：《数学简史》，中信出版集团 2017 年版，第 35—36 页。

个球体也是毕达哥拉斯的重要发现（是否从两河流域获得的知识待考）。而埃拉托色尼则较为精确地测出了地球的周长，还测出了地球与太阳的距离。中国人的认知是"天圆地方"，与希腊人相比，不能不说这些希腊人对天体的观测比其他文明的人更深入一些。

欧几里得的《几何原本》集希腊数学之大成，成为人类历史上一本影响深远的巨著。它不仅影响了数学，更重要的是在思想史上发挥了巨大作用；从此，演绎法在文化史上的作用日益突显。经过泰勒斯、毕达哥拉斯，以及欧几里得等众多学者的共同努力，数学找到了自己的基本方法，即演绎法。这是别的文化的数学没有实现的，也就是说，别的文化的数学是经验数学，而古希腊的数学是演绎数学。

古希腊不只数学发达，其他领域的科学成就也非常辉煌，涌现出了众多名垂世界史的科学家，如提出原子论的留基伯、德谟克利特，提出日心说的阿里斯塔克，发现浮力定律和杠杆原理以及能计算球的面积和体积的阿基米德，古希腊天文学的集大成者托勒密，古希腊医学的集大成者盖伦，等等。

对近现代科学影响最大的是古希腊人认为世界由数学构成的思想。从毕达哥拉斯开始，先是希腊人，继而是西方人，最后是地球人都认为自然是依照数学设计的，科学的数学化成为推动社会进步的一股不可阻挡的力量。

二、近现代科学的数学化特征

科学是一种理性思考方式。在人类历史上，当理性思考方式占据主导地位时，往往是科学的大发展时期。但是，从人类历史来看，在很长时期内，理性并不占统治地位，初民整天生活在神秘、浓厚的巫术和象征世界当中。在伽利略生活的年代，欧洲各地人们了解自然和控制自然仍然主要是占星术士、炼金术士和神秘主义哲学家的事情。今天许多科学学科，最初不过是哲学中充满玄想的分支，如物理学、化学。即便在祛魅成功的今天，迷信在这个社会依然统治不少人的思想。所以，在长期的历史阶段，尽管科学也得到了相当的发展，但从总体上来说，科学的发展还是很缓慢的。不过，在土壤适合、社会环境具备时，科学就会飞速发展，并且涌现出众多天才的科学家。科学在近现代西方的迅猛发展就是一个显著的例证。科学不但能改变我们的日常生活，提高生活质量，而且能影响我们对世界的认识，承担意识形态的社会功能。因此，卡西尔才会说："科学是人的智力发展中的最后一步，并且可以被看成是人类文化最高最独特的成就。它是一种只有在特殊条件下才可能得到发展的非常晚而又非常精致的成果。……在我们现代世界中，再没有第二种力量可以与科学思想的力量相匹敌。它被看成是我们全部人类活动的顶点和极致，被看成是人类历史的最后篇章和人的哲学的最重要主题。"①

那么，科学是什么呢？美国学者爱德华·O. 威尔逊（Edward O. Wilson）说过："科学是有组织的、系统的行业，它搜集有关世界的知识，并将这些知识精简成可以检验的定律和原理。科学区别于伪科学的显著特征在于：首先，科学知识具有可重复性。同一现象可以重复研究，最好是通过独立的研究来进行。通过新颖的分析和实验，这一解释得到确证或被抛弃。其次，科学具有经济性。科学科学家试图将信息抽象为简单而优美的优雅形式，同时用最少的努力获取最多的信息。再次，科学具有可测量性。如果某种东西可以用人们普遍接受的标准予以恰当的测量，那么对它所作的概括就会很清晰。"②科学的可测量性这一特征使科学能够与数学紧密结合起来，因为数学是量化的工具。霍奇森更是明确地指出："科学的宽泛的定义可以说，科学是主要的定量知识的集合体，这些知识是人通过能动的努力，以系统的和可交流的方式理解他的周围事物和他自己而建立起来的。"③定量知识需要数学术语表达。从这个角度来说，数学在科学中居于核心地位，因为没有数学，科学中的量化表达就无法做到，科学的可测量性就无法实现。正如孙小礼所说："数学正是一门研究'量'的科学，它不断地在总结和积累量的规律性，因而必然成为人们认识世界的有力工具。"④

---

①　[德] 恩斯特·卡西尔著：《人论》，甘阳译，上海人民出版社 1985 版，第 263 页。

②　[英] 布莱恩·里德雷著：《科学是魔法吗》，李斌、张卜天译，广西师范大学出版社 2007 年版，第 35-36 页。

③　李醒民著：《科学论：科学的三维世界》（上卷），中国人民大学出版社 2010 年版，第 12 页。

④　邓东皋等编：《数学与文化》，北京大学出版社 1990 年版，第 200 页。

　　数学是探索自然的一个学科，出现的非常悠久。数学是科学的一个重要领域，而科学探讨必然会引起数学问题，所以，科学的数学化是必然会发生的事情，是迟早的问题。当然，科学的数学化虽然从很早的时候就开始了，比如毕达哥拉斯提出"万物皆数"的理论就意味着科学的数学化，但那时无论是数学还是科学都不够发达，科学的数学化程度很低，远远不能与近代社会科学的数学化程度相比。

　　近代科学的数学化是有深刻的社会文化背景的。

　　首先，古希腊学者为科学的数学化打下了基础。

　　古希腊许多哲学家都是科学家，甚至是数学家，如泰勒斯、阿那克西曼德、毕达哥拉斯、阿那克萨哥拉、德谟克利特和芝诺等人。泰勒斯是古希腊第一位哲学家、数学家，命题证明的思想就是泰勒斯引入的，这是数学史上划时代的创造。毕达哥拉斯是继泰勒斯之后又一位伟大的哲学家、数学家，提出了"万物皆数"这一哲学命题，揭开了科学数学化的序幕。传说，毕达哥拉斯通过一铁匠铺，发现不同大小的锤子敲打铁砧发出的声音不同。经过试验研究，毕达哥拉斯发现了音程之间数的关系，认为弦振动与它所产生的音律的音调之间存在关系，例如，弦如果长度减半，就会奏出一个高八度音；如果缩短到三分之二，就会奏出一个第四音。所以，决定不同谐音的是某种数量关系，同物质构成没有关系。毕达哥拉斯发现的和声学定律是用数学术语表达自然规律的第一个范例；由此，毕达哥拉斯推而广之，认为万物之间存在差异的原因与数量关系有关，而与其物质组成成分没有关系。当时，科学还不发达，提出万物皆数理论在很大程度上带有臆测成分，但认定事物遵循的规律是数学的，无疑是正确的。这是毕达哥拉斯对数学的一个重大贡献，极大地影响了科学的发展，因为近现代科学发展正是沿着这一趋势而来。正是由于毕达哥拉斯思想的伟大，法国学者若-弗·马泰伊才说："应该承认，毕达哥拉斯的思想统领着西方思想的一半……"[①] 黑格尔甚至"把毕达哥拉

―――――――――――

　　① [法] 若-弗·马泰伊著：《毕达哥拉斯和毕达哥拉斯学派》，管震湖译，商务印书馆 1997 年版，"引言"第 1 页。

斯视为'全球第一位大师',承认自己对他那种生气勃勃的团体佩服得五体投地"①。

在科学数学化发展历程中,柏拉图也作出了巨大贡献。柏拉图不像一般的数学家,既没有发现某个数学定理,也没有解决某个数学难题。若以发现某个数学定理和解决某个数学难题作为标准,柏拉图算不得数学家,但就其对数学的贡献来说,柏拉图是数学界中的伟人,因为他解决了数学中至关重要的一些问题。在柏拉图时代,数学已经有不少成就了,但数学仍然是经验结果与零碎片段的集合体,缺少体系化的理论。柏拉图是哲学家,他给数学注入了哲学的品性,而这种品性恰恰是数学在发展过程中亟待需要的。

柏拉图的老师苏格拉底反对古希腊智者们的相对主义,开始为事物寻求定义。苏格拉底在哲学上的一大贡献就是实现了把哲学从研究自然到研究自我的转向,由注重对自然本身的研究转向到注重对社会伦理和人的研究,使哲学从关注天上转向关注人间。苏格拉底讨论的一大主题是如何为伦理道德下定义的问题。柏拉图从老师那里学得给事物下定义的方法,用来研究数学,"坚持对数学的基础概念进行最仔细的研究,导致数学的定义与公理更加严格、更加明确的公式化。无论柏拉图是否实际完成了多少这一工作,无可置疑的是,他在这一事物上的影响力都是几何学重建的一个决定性因素,这一重建不久就在欧几里得的《原本》中收获了如此精确全面的公式化"②。柏拉图发现数学知识具有永恒不变的、普遍必然的、客观的特性,因此将数学引入哲学,认为数学是从对具体事物的感觉经验上升到对理念知识之间的桥梁和重要手段。到了后期,柏拉图甚至用几何学来构造整个宇宙世界,认为宇宙最初混沌杂乱,只有水、火、气、土的痕迹,神用形式和数将它们区分开来。水、火、气、土四元素的生成原因是神赋予它们最好的几何图形,即用两种直角三角形,一种是正方形的一半,另一种是等边三角形的一半,由这

① [法]若-弗·马泰伊著:《毕达哥拉斯和毕达哥拉斯学派》,管震湖译,商务印书馆1997年版,第23页。
② [美]欧文·埃尔加·米勒著:《柏拉图哲学中的数学》,浙江大学出版社2017年版,第17-18页。

些三角形的不同组合产生四面体、六面体（正立方体）、八面体、十二面体和二十面体这五种正多面体，四面体对应火元素，正立方体对应土元素，八面体对应气元素，二十面体对应水元素，十二面体是神用来装饰宇宙的。四元素可以相互转化，其原因是三角形现状不同以及它们组成的多面体的数目不同。① 柏拉图用几何学构造了整个宇宙世界，因此，在柏拉图的心目中，上帝是一位彻头彻尾的几何学家、数学家。所有技艺和科学都分有数学，数学要素成为一个事物作为知识的价值标准。正因为如此，波普尔才认为柏拉图是哥白尼、伽利略、开普勒、牛顿为代表的近代科学的奠基人，柏拉图的宇宙生成的几何结构理论是现代宇宙论的基础。科学家海森堡甚至认为现代物理学的倾向与其说是接近德谟克利特的，不如说是更接近《蒂迈欧篇》的。② 当然，还有一个重要原因，柏拉图在中世纪一直都是基督教推崇的哲学家，他对基督教影响最大的著作不是《理想国》而是《蒂迈欧篇》，他提出的世界几何结构理论就主要体现在《蒂迈欧篇》之中。柏拉图这种宇宙生成理论，被基督教接受，直到 12 世纪《蒂迈欧篇》的思想仍然是基督教世界的主流思想。

其次，近代科学数学化的宗教背景。

近代科学的数学化始于西方。在科学的数学化过程中，宗教起了不可低估的作用。熟悉西方历史的人都知道，古希腊人对数学的发展作出过重要贡献。古罗马人普遍对数学不感兴趣，也没出现有影响的数学家。中世纪基督教一统天下，教会对数学也是鄙视的，因为数学是理性的化身，而宗教恰恰重视的是信仰。但是，这只是问题的一方面，其实，在另一面，基督教对数学的发展也曾起过积极的促进作用，数学能在近代飞速发展与基督教的影响不可分割。近代许多数学家，如韦达、开普勒、笛卡儿、帕斯卡、牛顿、莱布尼茨等都是虔诚的基督教徒，像牛顿这样的大数学家研究神学比研究科学花费的时间还要多，用"科学现象"证明上帝的存在，一生除发表《自然科

---

① 参见王子嵩等著：《希腊哲学史》（2），人民出版社 1993 年版，第 1061-1063 页。
② 参见王子嵩等著：《希腊哲学史》（2），人民出版社 1993 年版，第 1016 页。

学的数学原理》《光学》等科学著作外，还留下 50 多万字的炼金术方面的手稿和 100 多万字的神学手稿，甚至把研究神学"视为自己生活的主轴"。[①]

早期的基督教，认为上帝的存在是一个自明的事实，不需进行逻辑证明，教徒所关心的，仅仅是如何通过心灵的修养找到上帝。被称为西方思想史上第一位经院哲学家的安瑟尔谟（Anselmus）首先用理性证明了上帝的存在。而中世纪最有名的经院哲学家无疑要数托马斯·阿奎那，他的哲学以亚里士多德为根基，通过严密的逻辑推演，把古典哲学和基督教神学融合起来，把信仰和理性结合起来。在经院哲学中，最有名的逻辑推演是证明上帝的存在。阿奎那提出了上帝存在的五种证明法，认为"世界上的一切事物都是和谐的，有秩序的，仿佛是有目的的安排"[②]。怀特海说过："我们如果没有一种本能的信念，相信事物之中存在着一定的秩序，尤其是相信自然界中存在着秩序，那么，现代科学就不可能存在。"[③] 经院哲学家相信自然界存在秩序的思想，对于现代科学的产生和发展具有重要意义。其实，经院哲学家不但信奉理性、秩序，还信奉科学知识。阿奎那的老师阿尔伯特就曾说："基督教思想家必须掌握各类哲学和科学知识。"[④] 经院哲学发展到后期，不但不排斥科学，在一定程度上已经在向科学拥抱了。中世纪学校的课程里是有数学这门课程的，教会认为数学能够训练说理，能够修日历和预报节日。由于占星术属于数学的分支，在实际生活中能帮王公大人进行决策谋划、军事征战及个人事务等，所以，学习数学或占星术的人也不少。另外，中世纪的人们相信天体能够影响人的健康，于是，医生把人的出生、结婚、生病和死亡时出现的星座记录下来，预测医疗是否有效。因此，医生也成了深谙数学之人。[⑤] 另外，十字军东征使欧洲人从阿拉伯人和拜占庭的希腊人那里得到了大量的希腊、阿拉伯

① ［英］罗布·艾利夫著：《牛顿新传》，万兆元译，译林出版社 2015 年版，"序言"第 137 页。
② 张志伟、欧阳谦主编：《西方哲学智慧》，中国人民大学出版社 2000 年版，第 52 页。
③ ［英］A. N. 怀特海著：《科学与近代世界》，何钦译，商务印书馆 1959 年版，第 4 页。
④ ［美］撒穆尔·斯通普夫、詹姆斯·菲泽著：《西方哲学史》，邓晓芒、匡宏等译，西方联合出版公司 2019 年版，第 171 页。
⑤ ［美］莫里斯·克莱因著：《古今数学思想》（第 1 册），张理京等译，上海科学技术出版社 2002 年版，第 232-233 页。

数学著作，开始了欧洲数学的第一次复兴和大翻译运动，这些文献成为西方文艺复兴时期数学发展的基础。由于商业的发展，出现了复杂的计算，欧洲也出现了杰出的数学家，如意大利数学家斐波那契（Leonardo Pisano）、英国数学家布雷德沃丁（Bradwardine，Thomas）、法国数学家奥雷姆（Oresme，Nicole）。① 总之，中世纪的数学成就比古罗马要强好多，而这些数学成就的取得在很大程度上来自于宗教的影响，这为伽利略、开普勒、牛顿他们开启的数学化创造了条件。

再次，近代科学具有功利化目的。西方科学是在古希腊科学基础上发展而来，但古希腊的科学具有非功利化目的，近代西方的科学则具有强烈的功利化目的。古希腊科学家喜欢仰望星空，探求自然的本源、规律问题，而对功利性科学研究不感兴趣。最有名的是数学家欧几里得，有学生问欧几里得研究几何学有什么用处，欧几里得马上对身边的奴隶说："给他三个钱币，因为他想在学习中获取实利。"这说明欧几里得是反对带着功利的目的学习数学的。在古希腊，带着非功利性目的学习数学、学习科学是普遍现象。古希腊人求知的目的不是出于利益的驱动，而是为了满足好奇心或兴趣。正因如此，毕达哥拉斯发现"毕达哥拉斯定理"后才会宰杀百头牛设宴庆祝，阿基米德发现了浮力定律后才会发狂似的"裸奔"并高喊"尤里卡（Eureka）"。这是对知识的敬仰！对真理的渴求！"正是超脱于功利，使得古希腊人在学术上能够超越尘世。古希腊数学完全是抽象的，这和其他古文明形成了鲜明的对照。也许正因如此，古希腊人对于改造世界并不像对认识世界一样热衷。他们对于世界和环境采取的是一种顺其自然与和谐的态度，对于未知世界的探索更多的是理解自己和周围的世界，以及让自己和周围的世界和睦相处。他们并不热衷于把在探索未知世界中获得的知识用于日常的功利目的。"② 古希腊人探求到的这些"无用知识"，竟然为西方科学打下了坚实的基础，一两千

---

① 尤其是英国数学家布雷德沃丁、法国数学家奥雷姆他们就是神学家。布雷德沃丁曾获牛津大学神学博士学位，曾在该校教授过哲学、神学和数学，病逝前担任基督教会中心坎特伯雷的大主教。奥雷姆就学于巴黎大学神学专业，取得神学硕士学位，担任过牧师，后升任总教堂教长、主教。参见杜瑞芝主编：《数学史辞典》，山东教育出版社2000年版，第107-108。

② 林炎平著：《我们头上的灿烂星空》，浙江大学出版社2010年版，第120-121页。

年后使整个人类受益匪浅。可以说，没有古希腊的科学就没有近现代的科学。

但是，近代科学与希腊古典科学有很大区别，古希腊的科学是理性的科学、自由的科学和纯粹的科学，是非功利的科学，而近代科学是力量化的、操作化的和功利化的科学。西方的科学为什么会发生这种转化呢？其实，在这个转化过程中，弗朗西斯·培根和笛卡尔起了重要作用。我们知道，"知识就是力量"是弗朗西斯·培根在思想史上最有名的一句话，"它意味着追求力量、追求效率成为我们这个时代最重要的形而上学预设"。从此，"科学不再是一种沉思、一种静观，科学必定要诉诸行动。所以近代科学，不只是理论科学、理性科学，都最终要诉诸技术，诉诸力量。也就是说，近代科学和近代技术有着内在的不可分性"。①培根提倡的科学重在动手做，注重观察，注重实验，把世界作为我的意志对象予以征服，进行利用。笛卡尔在思想史上最有名的一句话无疑要数"我思故我在"。"我思"二字看起来简单，实际上意味着笛卡尔对世界作了重新安排。世界的本来面目，都要按照人的目光、人的理解去认识。"我思"表明这个思想不再是"神"的思想，而是人的思想。当然，这个人不是某个具体的人，而是大写的人，人的群体。神被剔除了，人就居于中心了，于是，近代科学就其本质来说是人类中心主义科学。一句"我思故我在"包含着"以人为本"思想，但笛卡尔的哲学还往前走了一大步，给出了"以人为本"思想的实施方案，即把世界数学化。数学是理性的化身，世界数学化了，神就不神了。古希腊人通过第一次数学危机，把几何、代数分开，认为代数是有瑕疵的，几何才完满；所以，古希腊的数学重点发展的是几何学，而代数学几乎停滞不前。笛卡尔作为数学家的重要贡献在于把几何学和代数学从两个相互独立的数学领域联系起来，成为一门新的数学领域，即解析几何。笛卡尔把物质归结为空间，把空间几何化，几何化的空间也就是数学化的世界。凡是能数学化的东西才有资格存在，不能数学化的东西只好归到胡思乱想中去，成为头脑中的幻想。②

————————

① 吴国盛著：《技术哲学讲演录》，中国人民大学出版社2006年版，第220-221页。

② 吴国盛著：《技术哲学讲演录》，中国人民大学出版社2006年版，第202-203页。

三、从定性到定量是法学研究走向科学化的关键

数学化是近现代科学发展的一大趋势，也是近现代科学取得重大成就的关键。法学要想进一步科学化，就必须不断地数学化。定性研究虽然是法学研究的重要一环，但法学问题的不断定量化才是法学不断走向科学化的关键。

（一）法学的定性研究与定量研究

近现代科学是注重数量的科学。"为了构成理论，特别是为了通过理论将事物的功能联系以数学的方式得到表达，应该避免单词的关于质量的陈述，而应尽量使用数量陈述。"[①] 由于"数量陈述"在自然科学中取得了巨大成功，所以，社会科学也在积极地引进"数量陈述"方法，在一些学科（如经济学）中已取得了成功。在别的社会科学领域内，虽然"数量陈述"的应用范围不能与自然科学相比，但已经取得了不少的成就，应用面越来越广泛。法学作为社会科学的一个门类，在"数量陈述"上也不甘落后，已经在许多方面采用了定量研究。所谓定量研究是指对事物进行量的分析和研究，将问题和现象用数量来表示，从而获得意义的研究方法和过程。

与定量研究相对的是定性研究。国内学术界长期以来认为定性研究的概念应从哲学层面、思辨层面予以界定，所以，《中国大百科全书·社会学》给定性研究下的定义是："根据社会现象或事物所具有的属性和在运动中的矛盾变化，从事物的内在规定性来研究事物的一种方法或角度。它以普遍确认的公理、一套演绎逻辑和大量的历史事实为分析基础，从事物的矛盾性出发，描述、阐释所研究的事物。"[②] 然而，从 20 世纪 90 年代末开始，国内学界对定性研究的概念有了新的界定，除了定性研究的概念外，还新出现了质化研

---

① ［德］汉斯·波塞尔著：《科学：什么是科学》，李文潮译，上海三联书店 2002 年版，第 61 页。

② 参中国大百科全书总编辑委员会《社会学》编辑委员会编：《中国大百科全书·社会学》，中国大百科全书出版社 1992 年版，第 33 页。

究、质性研究和质的研究的概念。有学者认为定性研究也叫质化研究、质性研究和质的研究，有学者认为定性研究与质化研究、质性研究和质的研究是不同的概念。① 认为定性研究与质化研究、质性研究和质的研究是不同概念的学者，仍然是在哲学层面、思辨层面界定定性研究。如陈向明就认为，定性研究"主要基于的是形而上学的、思辨的传统，而'质的研究'主要遵循的是现象学的、阐释学的传统"②。因此，这些学者认为质性研究的历史很短，大致从 1900 年起，发展历程只有 100 多年。③ 而认为定性研究等同于质化研究、质性研究和质的研究的学者，已经把质化研究、质性研究和质的研究的内容融入定性研究之中去了。其实，简言之，定性研究注重从质的方面研究事物，而定量研究注重从量的方面研究事物，本书主要从这方面理解定性研究和定量研究。

定性研究和定量研究两种研究方法都有非常悠久的历史，但由于科学发展的局限，在很长的历史时期，人们从事研究主要采用的是定性研究方法，而定量研究方法虽然也采用，但规模有限，尤其在自然科学研究中更是如此。在亚里士多德的《物理学》一书中看不见一个公式、图表，"他的主要目标是理解事物的本质，而不是去探讨适用于运动物体的时间—空间（或位置—时间）坐标等这些非本质因素之间的关系"④。当然，亚里士多德对定量研究也有涉猎，但内容非常少，而且有不少错误，如他认为两个不同重量的物体同时下落，它们穿过给定距离所需的时间与它们的重量成反比。当然，在同时代，古希腊的科学是走在各国前面的，所以，古希腊人利用定量方法研究问题要比其他国家多，如毕达哥拉斯用数学研究谐音理论，留基伯、德谟克利

① 例如，社会学家风笑天认为定性研究与质化研究、质性研究和质的研究是相同的；也有学者认为不同，学者陈向明就持这一观点。参见风笑天：《定性研究概念与类型的探讨》，《社会科学辑刊》2017 年第 3 期，第 45-47 页；陈向明著：《质的研究方法与社会科学研究》，教育科学出版社 2000 年版，第 22-24 页。

② 陈向明著：《质的研究方法与社会科学研究》，教育科学出版社 2000 年版，第 23 页。

③ 参见范明林、吴军编著：《质性研究》，格致出版社、上海人民出版社 2009 年版，第 8-10 页；陈向明著：《质的研究方法与社会科学研究》，教育科学出版社 2000 年版，第 31-45 页。

④ ［美］戴维·林德伯格著：《西方科学的起源》，王珺等译，中国对外翻译出版公司 2001 年版，第 64 页。

特提出原子论把事物质的区别还原为量的差异，阿基米德用数学公式把杠杆原理、浮力定律表示出来，埃拉托色尼利用几何学测算地球周长，托勒密提出了一个计算天体位置的数学方案（宇宙结构学说）。① 可以说，"在几个特殊的科学领域里，希腊人成功地将它们数学化，并得出了高度量化的结论。这些领域是天文学、静力学、地理学、光学，它们不仅在古代世界达到了该领域最高水平，而且为近代科学的诞生起了示范作用"②。这是古希腊人用定量方法研究自然科学、研究哲学的实例；研究法学的实例也有，如亚里士多德的《雅典政制》就是对当时希腊 150 多个城邦进行研究的基础上写出的，其中有定量研究的意味。亚里士多德对各国宪法进行了搜集，并作了比较研究。

在近代之前，由于科学的数学化还没深入人心，数学的发展程度有限，所以，在法学研究中人们主要采用的是定性研究的方法；采用定量研究的方法虽然有，但毕竟不多。

（二）化质为量与近现代科学的兴起

弗兰西斯·培根尽管认为科学研究应该使用以观察和实验为基础的归纳法，推动了近现代科学的发展，但在人类历史上，公认吹响近现代科学大发展号角的是伽利略。伽利略是欧洲近代自然科学的创始人，被称为"现代科学之父"。伽利略是历史上最早对动力学作了定量研究的人。美国学者 M. 克莱因指出："近代科学成功的秘密，就在于在科学活动中选择了一个新的目标，这个由伽利略提出的、并为他的后继者们继续追求的新的目标，就是寻

---

① 克罗狄斯·托勒密（Claudius Ptolemaeus，约 90—168 年）是古希腊著名的数学家、天文学家、地理学家和占星家。托勒密总结希腊天文学之大成的巨著《天文学大成》被阿拉伯人视为"伟大之至"，书名也被改为《至大论》。托勒密的天文学体系具有极强的理论扩展能力，能够容纳望远镜发现之前不断出现的新天观测发现，在细节上与观测到的每个行星运动轨迹相符，无法用观测来推倒它。该体系能在西方天文学界统治上千年，除了教会的支持，更主要的是其理论具有相当的预测力。他虽然是地心说的集大成者，但希腊的天文学理论在他这里达到了登峰造极的程度，他的天文学理论在定量研究方面非常成功，在相当长时期都很准确。参见［美］M. 克莱因（M. KLINE）著：《西方文化中的数学》，张祖贵译，九章出版社 1995 年版，第 85 页；［美］M. 克莱因主编：《现代世界中的数学》，齐民友等译，上海教育出版社 2004 年版，第 412 页；吴国盛著：《科学的历程》（第 4 版），湖南科学技术出版社 2018 年版，第 139-140 页。

② 吴国盛：《希腊思维方式与科学精神的起源》，《民主与科学》2016 年第 6 期，第 68 页。

求对科学现象进行独立于任何物理解释的定量的描述。如果把近代科学中这一新概念与以前的科学活动进行比较，那么我们将会更加懂得科学中这一新概念的革命意义。"[1]

在伽利略之前，希腊科学家寻求对现象发生的原因进行解释，如亚里士多德认为地上万物都有它的天然位置，且都有回到天然位置的趋向。土和水是重性的，天然位置在地球中心，往下运动就是回归其天然位置。气和火是轻性的，天然位置在天空，往天空运动就是回归其天然位置。中世纪欧洲学者探求的也是事情发生的原因，只不过增加了对现象的目的解释。如对下雨的解释就非常具有宗教意味：下雨的目的是浇灌庄稼，庄稼成熟后目的是给人以食物，而人活着的目的是服务上帝。这样的解释自然没有一点"科技"含量，让人越听越糊涂。伽利略意识到必须对这种解释方法进行改革，要用对现象进行定量描述的方法予以取代。所谓对现象进行数学描述就是用数学公式对所发生事件进行描述，而不是对事件发生的因果关系进行解释。以往人们重视的是事件发生的因果关系，对事件发生过程采用的是定性研究，而伽利略毅然把这种关注重点改变了，让人们不再费力地进行物理解释，而是运用数学工具，用精确的语言对所发生事件进行描述。于是，以往人们关注的本质、起源、形式、因果性、目的之类的概念因为不能量化而被时间、空间、速度、加速度、重量、力、惯性、能量等能量化的概念代替了。起初，人们觉得这种数学描述解释不了什么，没有物理解释具有"诗情画意"。但经过时间的检验，人们深深地认识到，"近代科学在实用方面和理论方面最激动人心的成就，主要是通过熟练地运用日积月累的定量的、描述的知识才获得的，而不是通过关于现象原因的形而上学的、神学的甚至是机械论的解释。近代科学的历史，就是逐渐摒弃上帝和恶魔，从而将关于光、声、力、化学过程以及其他概念的模糊思想转变为数量关系的历史"[2]。可以说，近代最伟大的科学家牛顿的理论体系在物理解释方面是不过关的，因为牛顿对他使用

① ［美］M. 克莱因著：《西方文化中的数学》，张祖贵译，九章出版社1995年版，第190页。
② ［美］M. 克莱因著：《西方文化中的数学》，张祖贵译，九章出版社1995年版，第192页。

的最重要的"引力"这一概念的物理本质解释不清,无法取得科学家的认同。但令人惊叹的是,所有自然现象都可以从牛顿的运动定律和引力定律中推导出来,以前认为天空中不遵纪守法的彗星,现在通过牛顿的科学理论竟然算出来了运动轨迹和运动周期;以前从不知道的天王星、冥王星也通过牛顿的科学理论计算出来方位、运动轨迹,进而被人从茫茫太空中寻找出来。这样铁的事实不得不让那些纠缠"引力"概念的人无话可说,转而成为牛顿科学理论的拥护者。不纠缠难以为人们理解的引力概念,而给出引力如何作用的定量公式,牛顿取得了成功,定量方法取得了决定性的胜利。自然或宇宙的数学设计理念从古希腊就有了,但到牛顿这里才有了确凿的证据,从而由臆测变为科学的理论。

可以说,到了18世纪中叶,伽利略、牛顿这些科学家研究自然界所采用的定量方法已经在科学界确立了,因为这种方法在探索自然界秘密方面太厉害了,远比传统的定性研究方法优越。数学的定量方法从改造天文学、物理学开始,先后改造了化学、生物学等自然科学诸学科,最后社会科学诸学科也陆续被数学改造了。当然,由于各个学科各有其特点,数学对其影响的程度是不一样的,有的学科影响程度比较深,有些学科影响程度比较浅。随着数学不断地发展,各个学科会不断接受数学影响,数学化的步伐不断加快。所以,伽利略、牛顿之后,法学的数学化也加快了步伐。

四、对实证主义法学的数学分析

从本书前面的章节论述中,我们知道,数学的定量研究方法是近现代科学取得飞跃发展的决定性因素。好的研究问题的方法各个学科是可以相互借鉴的,定量方法就是如此。虽然在伽利略之前,这种方法已经在研究中采用,但这种研究方法的威力人们尚未领略过,所以,采用的人并不普遍。经过伽利略、牛顿这些科学家的示范,这种方法很快取得了巨大成功,影响扩及所有自然科学和社会科学的各个学科,包括法学。"自那场产生了现代科学的伟大革命以来,人们一直希望创建一门能与自然科学并驾齐驱的关于社会的科学。科学革命的两位早期主角伽利略和哈维使科学发生了根本转变，他们分别创建了关于运动的物理学和关于血液循环的生理学，这些学科均成为新社会科学的范式。培根和笛卡尔的科学准则可以作为这项新事业的指南。一个主要挑战是让新的社会科学与数学相适应。"①

社会科学与数学怎么相适应呢？范式自然是采用数学的定量方法。所以，从伽利略、开普勒、笛卡尔、牛顿以后，定量方法先在自然科学学科内后在社会科学学科内相继开始采用。当然，在社会科学学科内，经济学和社会学是采用定量方法比较多的学科。我们知道，社会学起源于19世纪三四十年代，其鼻祖是孔德。孔德也是实证主义哲学的首倡者，认为自然科学的实证精神支配一切，强调社会科学与自然科学具有一致性，坚持应用自然科学的模式研究人类社会，寻求人类社会的普遍规律。涂尔干是社会学的奠基人之一，提出运用统计学方法寻找社会规律，而且确实找到了有关自杀现象的社会规律。实证主义方法对社会科学影响非常大，对法学的影响同样如此。在实证主义哲学的影响下，实证主义法学形成了。

美国学者 M. 克莱因指出："一个时代的心态和社会思想、社会活动源自占主导地位的世界观。现在占主导地位的是我们的物理世界观。一个主要的信念叫作机械论，有时也称作唯物主义；它不但自身重要，而且还对其他的重要信条起支撑作用。……既然我们自身是物理自然的组成部分，一切人性都应该根据物质、运动和数学来解释。"② 实证主义法学就是数学在科学中占据统治地位的情况下形成的，所以，它具有鲜明的数学特征；对之要进行深入研究，就必须从数学角度对其进行解读。

实证主义孜孜探寻的是自然规律和社会规律，而"自然规律就是数学定律"③。"科学现在给大自然所描绘的图像（看来只有这些图像能够与观察到的事实一致）是数学化的图像……大自然似乎精通纯数学的规则……不管怎

---

① ［美］I. 伯纳德·科恩著：《自然科学与社会科学的互动》，张卜天译，商务印书馆2018年版，第127页。

② ［美］M. 克莱因著：《数学与知识的探求》，刘志勇译，复旦大学出版社2005年版，第252-253页。

③ ［美］M. 克莱因著：《数学与知识的探求》，刘志勇译，复旦大学出版社2005年版，第236页。

么说这一点几乎是无可争辩的：大自然和我们的有意识的数学心智根据同样的规律来运作。"① 所谓社会规律不过是自然规律的模板，探寻社会规律自然离不开数学这个重要工具。

我们知道，实证主义法学是在实证主义哲学的基础上形成的，而实证主义哲学离不开自然科学的实证精神。实证主义法学的基本原理或者精神内核是与数学相通的，离不开数学的影响。我们从实证主义法学的观念中就可得到佐证："如果试图将法理学变成一种科学，也即自然科学意义上的科学，我们只有观察在现实中人们通常是如何使用'法'一词的，以及观察该词指称的对象是怎样存在的。这是经久不衰的实证理念。"② 实证主义法学的宏大理想就是期望把法律变为"自然科学意义上的科学"，而在通向"自然科学意义上的科学"过程中数学思维、数学精神、数学方法是须臾离不开的。通过对实证主义法学的主要观点、主要方法进行研究，不难发现，数学对实证主义法学的影响是非常深刻的。

（一）实证主义法学是一种描述性的法律理论

我们从前面的论述已经知道，伽利略主张在对自然现象进行研究时只描述不解释，牛顿正是本着这样的精神，把难缠的"引力"避过，取得了科学上的巨大成功。因为描述方法采用的是一种数学上的可描述性，是一种新的研究路径；解释方法采用的是亚里士多德以往使用的物理上的可解释性，是一种旧有的研究路径。用描述方法研究自然界时，人们注重的是广延、量、位置、运动、数、图形等这些用数学可以测度的性质；用解释方法研究自然界时，人们注重的是本质、起源、形式、因果性、目的之类无法用数学测度的性质。数学可以测度的性质具有客观性、真实性、普遍性，无法用数学可以测度的性质则具有主观性，不是物质的真实特性，不具有普遍性。实证主义法学的开创者对近代科学非常了解，所以，在创立实证主义法学时，也借鉴伽利略只描述不解释的做法，希冀在法学研究中能取得自然科学那样的成

---

① ［美］M. 克莱因著：《数学与知识的探求》，刘志勇译，复旦大学出版社 2005 年版，第 242 页。
② ［英］奥斯丁著：《法理学的范围》，刘星译，中国法制出版社 2002 年版，第 9 页。

就。"所谓描述性的法律理论，指的是法律实证主义试图通过对实在法的描述性分析来揭示法律体系的特征，并试图通过描述性理论来建构法律体系，从而使法律变成一门'科学'。"① "法律是什么"是一种描述，"法律应当是什么"则是一种价值判断，一种解释。实证主义法学的几位大佬，如奥斯丁、凯尔森、哈特等人都曾论述自己的理论是"描述性"的，这说明描述性的法律理论是实证主义法学的一个突出特征，是实证主义法学向数学学习的重要成果。实证主义法学注重事实判断，认定事实判断陈述的内容是对陈述对象本身的了解，因而都是描述性的判断。凯尔森说过："约自 20 世纪初以来，人们提出了对另一种法律理论的要求。人们要求一种描述人实际上在做什么而不是他们应当做什么，正如物理学描述自然现象一样。他们声称，通过对实际社会生活的观察，人们可以而且也应该获得这种规则体系。它描述体现法律现象的人的实际行为。这些规则与自然科学以描述其对象的自然法则是同一类的。这就要求一种法律社会学（sociology of law），它根据'实在的规则'，而不是应当的规则或'纸面上的规则'来描述法律。"② 因此，"一个学科必然就其对象实际上是什么来加以描述，而不是从某种价值观念或标准出发来判断对象应该如何或不应该如何"③。

（二）实证主义法学摈除了法的价值，将法学的研究对象限定于实在法领域

大家知道，实证主义哲学的出现与近代科学的发展密切相关，因此，研究数学、物理学的牛顿也被人们称其为实证主义者，甚至是"第一位伟大的实证主义者"；"由于他的工作，伟大的思辨体系的时代结束了，一个新的时代破晓而出，它充满了人对自然进行理性征服的严格性和希望"。④ 从所作贡

① ［美］布莱恩·比克斯等著：《法律实证主义：思想与文本》，陈锐编译，清华大学出版社 2008 年版，第 4 页。另外，刘星教授对哈特的描述性的法律概念与德沃金的解释性的法律概念作过较为详尽的论述。参见刘星：《描述性的法律概念和解释性的法律概念——哈特和德沃金的法律概念理论之争》，《中外法学》1992 年第 4 期，第 17-22 页。

② ［奥］凯尔森著：《法与国家的一般理论》，沈宗灵译，中国大百科全书出版社 1996 年版，第 183 页。

③ 吕世伦主编：《西方法律思想史论》，商务印书馆 2006 年版，第 260 页。

④ ［美］爱德文·阿瑟·伯特著：《近代物理科学的形而上学基础》，徐向东译，北京大学出版社 2003 年版，第 191-192 页。

献来看，牛顿确实够得上"伟大的实证主义者"。虽然实证主义哲学是孔德创立的，但没有伽利略、牛顿这些耕耘者生产的"米"，孔德这样的"巧妇"是难以做出可口饭菜的。所以，从某种意义上来说，就其对实证主义哲学产生所作贡献来说，牛顿的功劳一点也不亚于孔德。牛顿的科学理论把上帝赶得无处躲藏，因为"人之外的世界好像只是一部巨大的机器：上帝好像在存在中被清扫出去了，除了那些无边无界的数学存在之外，他似乎无处安身"①。在中世纪，基督教一统天下，上帝就是价值来源。如今，茫茫宇宙连上帝的存身之地都没有了，价值自然没有托身之地了。更重要的是，自然界都数学化了，没有质的差别，只有量的不同。化质为量就是把质的差异抹平，把多样性消除。而价值是一种"质"，数学化的世界意味着要把价值这种"质"化掉。所以，不是孔德要搞"实证"，而是作为熟悉科学、熟悉数学的孔德要按科学、数学的要求把"实证"精神传扬天下，把带有主观色彩的价值湮灭掉。

当然，实证主义法学摈除法的价值也与休谟的事实与价值区分理论有关，而休谟这一理论其实也与数学的影响有关。在休谟之前，伽利略等科学家为了避免不受假象的欺骗，就把物质分为第一性质和第二性质。物质的第一性质是物质的真实特性，由数学规律处理，具有客观性、绝对性，带有这些性质的有量、数、运动、位置、图形等等；物质的第二性质不是物质的真实特性，不能由数学规律处理，具有主观性、相对性，带有这些性质的有冷、热、气味、颜色、味道等等。休谟曾想"运用物理学的方法建立一门人性科学"，② 所以，他对自然科学的发展、对物质的这种分类是非常熟悉的。他的事实与价值区分理论同物质的第一性质和第二性质的划分理论是一脉相承的。③

---

① ［美］爱德文·阿瑟·伯特著：《近代物理科学的形而上学基础》，徐向东译，北京大学出版社 2003 年版，第 217 页。

② ［美］撒穆尔·斯通普夫、詹姆斯·菲泽著：《西方哲学史》，邓晓芒、匡宏等译，北京联合出版公司 2019 年版，第 277 页。

③ 有关物质第一性质与第二性质的划分理论和休谟的事实与价值区分理论以及它们之间的相互关系，请参见何柏生著：《法律文化的数学解释》，商务印书馆 2015 年版，第 162-164 页。

由于实证主义法学以数学、自然科学为榜样，追求客观性就成为题中应有之义。边沁指出，"法律实际如何"与"法律应当如何"是不同的，实证主义法学要拒斥形而上学。奥斯丁把法律和道德区分开，认为法理学关注的是实在法，主张"恶法亦法"。凯尔森认为自然法大多是一些空洞的公式，主张将自然法从法的概念中驱逐出去。凯尔森重视法律的形式和结构，轻视其道德内容和社会内容，认为规范的逻辑分析不受"正义"等道德色彩浓厚的观念束缚，法学应脱离意识形态的考量，要避免对法律体系作价值判断。实证主义法学是在反对自然法学过程中产生的，坚决反对价值判断；因为价值判断所表达的是陈述者自己对事物的主观态度，多是规范性判断，这与实证主义法学秉持的科学精神、数学精神格格不入。当然，实证主义法学从创立到现今是不断发展变化的，对价值判断所持立场也是如此。有学者把法律实证主义分为包容的法律实证主义和排他的法律实证主义；包容的法律实证主义容许"将道德原则的考虑作为法律的一部分"[1]。哈特在对待法律与道德分离问题上就持软化立场，前人认为是"必然分离"，他认为是"可以分离"。哈特或许是由于受过第二次世界大战血雨腥风的洗礼，对法西斯的暴行记忆犹新，所以，对价值判断就不忍痛下杀手，在继续坚持事实判断的同时，对价值判断仍然恋恋不舍。哈特以后的分析实证主义法学已经深深意识到单纯依靠分析实证主义方法是不可能让法律科学成为一门发达的科学，所以，必须借鉴其他法学流派的研究方法，使研究方法更加多元化。

（三）实证主义法学大多重视逻辑分析方法

逻辑分析方法是分析哲学采用的最主要的哲学方法。此种方法利用现代数理逻辑这一工具，对语言进行分析，以解决传统的哲学问题。分析哲学的基本思想见之于德国哲学家、数学家、逻辑学家 G. 弗雷格的思想中。G. 弗雷格是现代数理逻辑的主要创始人，也是分析哲学的奠基者。弗雷格将数学建立在逻辑基础之上，使之从逻辑上彻底脱离感性经验和心理活动。弗雷格

---

① ［美］布莱恩·比克斯等著：《法律实证主义：思想与文本》，陈锐编译，清华大学出版社2008 年版，第 24 页。

建立了世界上第一个严格的关于逻辑规律的公理化系统。除了弗雷格外，分析哲学的创始人还有罗素、摩尔、维特根斯坦等人。数理逻辑的发展为"逻辑分析方法的运用和人工语言建立提供了可能，即运用数理逻辑的符号演算，运用类、关系、顺序等概念，对命题进行准确的、经验意义的表述，从而建立一种人工的描述语言系统"①。不难看出，逻辑分析方法是与数学紧密相连的，采用这种分析方法的实证主义法学自然也与数学紧密相连。

凯尔森的法学理论的哲学基础是新康德主义哲学，赫尔曼·柯亨（Hermann Cohen）是新康德主义马尔堡学派创始人，对于凯尔森的法学理论影响深远。赫尔曼·柯亨把数作为纯粹思维的产物，而纯粹思维利用数学和逻辑创造对象世界。凯尔森继承柯亨的衣钵，尝试用逻辑公理化的方法建立法律规范的逻辑。哈特认为司法决定过程从本质上讲是理性的事业，主要依赖的是演绎逻辑，直觉所起作用不大。演绎逻辑采用的是演绎法，而演绎法是数学的基本方法，最初也是在研究数学中创立的。公理化的方法是在演绎法基础上形成的一种数学方法，对于推动人类理性思维的发展起了非常重要的推动作用。

（四）实证主义法学重视对法律现象进行量化分析

实证主义法学从 19 世纪二三十年代创立后，② 迄今已快 200 年，流派众多，观点纷呈。除了重视对法律现象进行逻辑分析外，对法律现象进行定量分析也是其研究的重要特点。前文已经说过，在亚里士多德的著作中，曾运用定量分析方法研究希腊城邦中的法律问题，但亚里士多德以降的 1000 多年，定量分析方法在法学研究中并不常用，研究人员常用的方法是定性分析方法。直到伽利略、开普勒、笛卡尔、牛顿等科学家实现了从定性分析方法到定量分析方法的转向后，对法学研究采用定量分析方法才逐渐多起来。化

---

① 吕世伦主编：《西方法律思想史论》，商务印书馆 2006 年版，第 252 页。

② 约翰·奥斯丁的《法理学的范围》一书是 1832 年出版的，在此之前，他在伦敦大学已经开过法理学系列讲座，而《法理学的范围》一书正是讲座所用讲义。当然，奥斯丁之前的边沁、霍布斯也有分析法学的思想，但后人获得分析法学思想主要是从《法理学的范围》一书得到的；因此，称奥斯丁为分析法学或实证主义法学的鼻祖是讲得通的，说实证主义法学是 19 世纪二三十年代创立的也不算错。

质为量是从 17 世纪开始出现的，到了 18 世纪，已经在许多自然科学学科中运用；到了 19 世纪，社会科学学科接受这一观念的越来越多。延续至今，化质为量作为一种文化发展趋势方兴未艾。尤其是大数据时代，一切皆可量化成为一个响亮的口号，在许多领域内已变为现实。可以说，实证主义法学是法学中推动化质为量的重要力量。

实证主义法学的关键词是"实证"。"实证"，强调感觉经验，重视对现象的研究，认为通过对现象的归纳就可以得到科学理论或科学定律。要进行法学实证研究，就需要进行调查、观察，甚至实验，将得到的资料进行统计分析，从中发现问题，寻求其中的规律性。

那么，法律现象如何量化呢？一个可行的途径是建立法律现象的指标体系。法律指标是一种特殊的社会指标，是反映法律现象数量化特征的指标。所以，采用法律指标的方法研究法律现象是符合实证主义法学的理论要求的。法律指标是一种量的数据，这种量的数据在世界各国被广泛采用。在现今的中国，对法律现象进行量化分析已经很普遍，每年都有许多学者在做不同部门、不同行业的法律指标编制，这对促进我国的法治进程具有重要意义。如，张保生带领团队，在全国问卷调查数据统计基础上，经过分析，写出了"中国司法文明指数报告"。从 2014 年开始，每年出版一卷。目前，"中国司法文明指数报告"已经成为评估中国法治发展水平的一个重要量化工具，是体现人民群众对司法工作满意度的一个重要指示器。[①]

在历史上，社会上公开的法律数据是不多的，"数目字管理"也是在很晚的时期才在西方出现。[②] 近代科学重视定量分析，实证主义哲学也是在近代科学的基础上发展起来的，所以，重视定量分析是实证主义哲学的重要特征。建立在实证主义哲学之上的实证主义法学秉承实证主义哲学的特征，同样重视定量分析，重视对法律现象进行量化分析。

实证主义法学的代表人物由于偏向法理学的研究，虽然其法学理论包含

---

① 参见张保生等著、中国政法大学出版社出版的 2014—2020 年各年度《中国司法文明指数报告》。

② 黄仁宇先生认为英国在 1688 年"光荣革命"之前尚未实行"数目字管理"。参见［美］黄仁宇著：《放宽历史的视界》，生活·读书·新知三联书店 2001 年版，第 73 页。

着量化的色彩，深受数学精神的影响，但在研究过程中数学色彩最浓的要数美国学者布莱克建构的理论。布莱克是实证主义法学的一员大将，在其著作《法律的运作行为》一书中，他像研究自然现象那样研究法律现象。"他通过把定性问题转化为定量问题的研究战略，排除了文化、人性及其他一切规范性前提。其结果，可以说他的命题群构成了一个自明的常识体系或者公理体系。"① 我们知道，数学分为常量数学和变量数学，常量数学描写的是静态的事物，变量数学描写的是动态的事物。变量数学的标志是解析几何的诞生和微积分的建立。解析几何和微积分都离不开函数，函数思想的建立是数学从常量数学转入变量数学的关键，用联系的、变化的观点，建立各变量之间的关系，使数学能有效地揭示事物运动变化的规律，反映事物之间的相互联系。布莱克也把法律像数学那样进行研究，声称："法律是一个变量。它可以增减，在一种条件下比在另一种条件下要多。法律的量可以用多种方式测定。……法律上的任何提起、诉诸或适用都意味着法律的量的增加。甚至某人主动伏法，诸如投案、招供、认罪也都增加法律的量。"② 布莱克把社会生活分为五个方面，即分层、形态、文化、组织性和社会控制。这几方面都有多种表现形式，都随着时间和空间而增多和减少。对法进行如此的量化处理，其目的在于告诉人们：法律并非一盘要么全输要么全赢的零和博弈，法的结果是可变通的；法更具有操作性，因为法的主体是明确的，责任自然也是明确的。布莱克这本书被认为是对实证主义法学的总结，创造性地将数学引入法社会学研究之中，在实证主义法学论著中是与数学结合得最为紧密的一本书。

在实证主义法学影响下，许多人在法学研究中都曾采用量化分析方法，取得了丰硕的成果。意大利实证主义犯罪学学派创始人切萨雷·龙勃罗梭运用人类学的研究方法，对犯罪人的身体特征进行了大量的实证分析，研究犯罪人类型、犯罪原因和特别预防等问题，"导致了将近代科学的实证方法、归

① 季卫东：《法律变化的定量分析和预测》（代译序），载［美］布莱克著：《法律的运作行为》，唐越、苏力译，中国政法大学出版社1994年版，第4页。
② ［美］布莱克著：《法律的运作行为》，唐越、苏力译，中国政法大学出版社1994年版，第3页。

纳方法应用于犯罪问题的伟大运动，他比任何其他人都更加有力地促进了新的犯罪学科学的发展"。"如果没有实证学派，不但现在的犯罪学研究以及当代一些用作代替死刑和传统式监禁的办法，如缓刑、缓期执行、罚金、假释，都将是不可想象的。"[①] 在《犯罪人论》（第 2 版）一书中，龙勃罗梭先后对 101 个意大利犯罪人头骨进行了解剖研究，对 1279 名意大利罪犯的人体进行了测量、对相貌进行了分析，得出了天生犯罪人的著名论断。他对天生犯罪人的身体特征、感觉和功能特征、心理、道德感等特征进行研究，确定了天生犯罪人具有的特征。尽管由于各种原因，龙勃罗梭的研究成果存在不少缺陷，但他将实证研究方法引入犯罪学中，引起了一场方法论革命，对近代刑事法律的改革和刑事司法制度的确立都产生了不可估量的影响。

在 19 世纪，实证主义犯罪学著名学者除了龙勃罗梭外，还有加罗法洛和菲利。加罗法洛和菲利都是龙勃罗梭的学生，都属实证主义犯罪学派，不同的是菲利后期转入刑事社会学派，与德国刑法学家李斯特一起成为刑事社会学派的代表人物。加罗法洛有关刑法的定义是一种形式主义的定义。加罗法洛继承老师龙勃罗梭的衣钵，对犯罪人进行人类学研究，认为犯罪人具有异常的身体和生理的特征。加洛法罗还对犯罪人进行了观相学方面的研究，认为存在着将杀人犯与盗窃犯区分开来，将杀人犯、盗窃犯与暴力犯或冲动犯区别开来的相貌。加洛法罗通过研究，提出了自然犯罪理论，这是加罗法洛对犯罪理论的最大贡献。菲利早在法国留学期间就曾著有《法兰西 1826—1879 年的犯罪之研究》一书。该书对犯罪进行了统计学方面的研究，在当时的法国颇有影响。菲利出版有《犯罪社会学》《刑事实证学派》等书，被公认为是刑事实证学派的领袖。菲利在对犯罪人的研究中，采用实证调查方法，大量占有数据，得出的结论具有相当的科学性。

在现代犯罪学发展史上，除了意大利学者的杰出贡献外，法国学者的贡献也不小。法国司法部从 1826 年开始公布的《刑事司法统计》，为许多犯罪

[①]　吴宗宪：《龙勃罗梭及其犯罪学研究》，载［意］切萨雷·龙勃罗梭著：《犯罪人论》，黄风译，中国法制出版社 2000 年版，第 27、28 页。

学学者进行量化研究提供了方便条件，凯特勒与格雷在此基础上首创了犯罪统计学。法国学者 A. M. 盖里依据法国司法部 1825—1830 年公布的统计资料，对犯罪现象进行了统计学分析，认为 25 岁到 30 岁是犯罪的高峰时段。法国的塔尔德担任过司法部统计局局长，他的犯罪学研究许多理论都有数据支撑。总之，"西方现代犯罪学研究能取得今天的辉煌成就，首先应归功于其研究方法的科学实证性。一种理论往往经过十几年甚至几十年的跟踪调查，通过分析归纳数以万计的统计数据而得出"。①

结　语

实证主义法学从创立到如今，已经快 200 年的历史了。虽然遇到过不少诘难，但总的来说，发展是顺利的，而且几经辉煌，影响颇大。实证主义法学之所以影响巨大，基本理论屹立不倒，一个重要的原因在于它的理论基石是建立在科学、数学基础之上。

数学对法律文化的影响已有数千年，但就其影响的规模和深度来说，还要数最近几百年。数学是理性的化身，无论是自然科学还是社会科学，在其发展过程中，数学都起到了引领作用。实证主义法学在理论的构成、变化和发展过程中，数学都深深地参与其中。所以，要理解实证主义法学，就必须从数学角度进行解读。

在我国，从数学角度研究法律文化的学者越来越多，研究的深度不断增加，广度不断拓宽。尤其是近几年，由于互联网、大数据、人工智能、区块链等的飞速发展，数学与法律的联系日益紧密。作为一个重要的法学流派，实证主义法学在数字时代其发展前景会更加广阔。在实证主义法学形成之日，数学起过重要作用；在实证主义法学发展之时，数学同样会起重要作用。

---

① 王冠：《西方犯罪学理论百年嬗变脉络梳理》，《中州学刊》2006 年第 1 期，第 100 页。

第五章
计量史学与法史学研究的科学化

计量史学是 20 世纪兴起的一种新史学方法，它注重运用现代数学手段、统计学方法和计算机技术，对研究对象进行量化分析。由于计量史学采用了计量方法，对史学的研究具有一定的科学性，因此，世界各国史学家竞相采用，对推动史学的发展起了积极的促进作用。在法史学界，也有不少人使用这种研究方法并取得了重要研究成果。所以，在计量史学兴起的同时，计量法史学也差不多同时产生。计量法史学与计量史学一样，采用的是相同的研究方法，所不同的是，计量法史学的研究对象局限于法史学。

本章通过对计量史学的兴起、计量方法使法史学从定性研究转向定量研究、计量方法促进法史学研究的科学化以及计量法史学的局限性等问题的探讨，论证计量方法与法史学研究的科学化问题。

一、计量史学的兴起

（一）重视计量是欧美的一种文化、一种生活方式

计量史学兴起于 20 世纪五六十年代，但在此之前，统计方法已经被人们在研究中采用了。人类最早的统计活动与人口普查密切相关。中国古代许多

朝代都有人口普查，① 古罗马也有定期的人口普查。至于美国，人口普查被写进宪法。美国由于国会实行参众两院制，众议院的席位按人口比例在各州之间分配，所以，必须每十年进行一次人口统计。除了人口普查外，其他方面的统计活动也非常广泛。中国古代对土地、赋役、官吏、军队、天文现象、谷物价格等方面的统计非常重视，留下的统计资料也非常完备。② 从 18 世纪后半叶开始，西方各国进入了"统计时代"，相继设立了专门的统计机构，搜集各种统计资料，定期或不定期地举行人口、工农业、贸易、交通等等方面的调查。③ 18 世纪的法国，各个城市的谷物价格也予以刊布。④ 1826 年，法国开始公布全国的犯罪数据。19 世纪 30 年代，欧洲许多国家公布的各类数据越来越多。相比于欧洲，美国建国时间虽然不长，但却非常重视数据。美国统计学家、管理学家爱德华·戴明（Edwards Deming）说过一句名言："我们信奉上帝。除了上帝，任何人都必须用数据来说话。"⑤

其实，在欧美，不仅官方重视数据，普通老百姓也如此。笛福在《鲁滨逊漂流记》中描述鲁滨逊在遭遇海难流落海岛时，"他从破船上抢救出来了表格、账本、墨水和笔，作为一个地道的英国人，鲁滨逊不久就开始记起账来。他的账本记载着他所有的使用物品，生产这些物品所必需的各种工作，最后还记载着他制造某一定量的产品平均耗费的劳动时间"⑥。在遭遇如此大难时，

---

① 人口普查实际上是国情国力调查。据《帝王世纪》记载，我国在大禹时代就有人口统计了，当时的人口为 1355.3923 万。但许多学者认为此书的记载不可信。我国可靠的人口普查应从商代算起，西周初年已经有了经常性的人口普查。中国第一次全国性的人口普查是在秦代，但现代意义上的人口普查直到 1908 年才出现。商鞅曾说："强国知十三数：竟内仓口之数，壮男壮女之数，老弱之数，官士之数，以言说取食者之数，利民之数，马、牛、刍藁之数。"这说明，统治者需要掌握的数据是非常多的。参见葛剑雄著：《中国人口发展史》，四川人民出版社 2020 年版，第 25-36 页；［战国］商鞅：《商君书·去强》。

② 参见［英］魏根深著：《中国历史研究手册》（中册），北京大学出版社 2016 年版，第 743 页。

③ 参见［英］罗德里克·弗拉德著：《计量史学方法导论》，王小宽译，上海译文出版社 1997 年版，译者的话第 5 页。

④ 参见［英］彼得·伯克著：《历史学与社会理论》（第 2 版），李康译，上海人民出版社 2019 年版，第 55 页。

⑤ 涂子沛著：《大数据：正在到来的数据革命，以及它如何改变政府、商业与我们的生活》（3.0 升级版），广西师范大学出版社 2015 年版，第 62 页。

⑥ 转引自涂子沛著：《数商：如何用数据思考和行动，并在智能时代胜出》，中信出版集团 2020 年版，第 75 页。

鲁滨逊抢救的是表格、账本、墨水和笔这些在一般人看来无足轻重的东西。如果说鲁滨逊是小说中的人物，不是真实存在的人，那么，达尔文可是实实在在的英国人。他平生的一大爱好就是记账、记日记。"他留下了很多会计账本。达尔文生前把自己的所有活动都详细记录在会计账本里，并为每一本账本取名。他的妻子艾玛则负责管理家庭账册的所有细节，记录包括食物、服饰、用人、娱乐、家具、车马、子女教育，甚至钢琴乐谱、音乐门票等细碎支出的情况。"① 美国人大多是从英国移民而去，记账的习惯自然没有忘记。著名政治学家、历史学家托克维尔在《论美国的民主》一书中说："美国人已经习惯了精确的计算。" 英国哲学家托马斯·汉密尔顿（Thomas Hamilton）也像托克维尔一样，在美国游历了一次，写出了《美国人及其作风》一书，说道："我认为，在这群不断猜测、估算、预期和计算的美国人当中，算术就像是一种与生俱来的本能。"② 这就是"数目字管理"在欧美各国的流行情况。

中国古代虽然也有不少数据统计，但从总的来说，西方人对数据统计的重视程度远远超过中国，原因何在？

其一是复式记账法的出现，把商业体系变成了数据。意大利人帕乔利于1494 年出版了一本名为《算术、几何、比及比例概要》的书，即《数学大全》。该书总结了威尼斯人发明的记账方法，称这种记账方法为"复式记账法"。复式记账法是指对发生的每一笔经济来往，都要以相等的金额，在两个或两个以上的有关账户相互联系地进行登记。复式记账法以有借必有贷、借贷必相等作为记账原则，对每一项经济来往都要记入两个或两个以上账户中，并以相等的金额分别记入一个或几个账户的借方和另一个或几个账户的贷方。采用复式记账法可以很清楚地追踪每一笔资金的来龙去脉，全面地反映经济活动的过程和结果，方便计算资金的回报率。这比流水账式的记账方法要科学多了，所以，《数学大全》出版后，很快就被译成多国语言，帕乔利也被称为"会

---

① 涂子沛著：《数商：如何用数据思考和行动，并在智能时代胜出》，中信出版集团 2020 年版，第 76 页。

② 转引自涂子沛著：《数据之巅：大数据革命、历史、现实与未来》，中信出版集团 2019 年版，第 39 页。

计学之父"。为了学习复式记账法，欧洲各国开办了许多会计学校。先是意大利，继而是荷兰，最后是英国，陆续成为世界会计中心。18世纪末，英国开办的会计学校超过200所，因此，有历史学家认为，"英国获得强大商业能量和工业崛起的主要原因，就在于它超越荷兰成了新的会计文化教育中心"①。

随着资本主义经济的蓬勃发展，西欧各国鼓励女性学习会计。越来越多的女性学会了会计，家庭儿童从幼年开始，就能在妈妈的怀抱中学习记账。洛克菲勒在六七岁时就有了记账本，从小学到的记账习惯使他终身受益。美国的富兰克林与人合伙开办印刷厂，富兰克林出钱出设备，合伙人负责经营管理。合伙人虽有学识，但不懂记账，印刷厂经营一直不好。合伙人去世后，印刷厂由合伙人的遗孀继续经营。由于遗孀出生于荷兰，从小就接受过会计知识的教育，把账单搞得一清二楚，所以，印刷厂很快就兴旺起来。②

复式记账法在欧美非常普及，不知不觉地塑造了欧美人的性格、文化。复式记账法让可审计的荷兰公司得到了社会公众的信任，催生了第一个股份可以公开交易的公司，为现代的股份制公司的出现奠定了基础，而资本主义社会的高速发展与股份制公司的出现有着密切联系。在国家管理上，复式记账法也发挥了巨大作用。整个国家的经济活动事无巨细都有记录，对国家的每一笔财富都进行追踪，这样，对国家的"数目字管理"就实现了。

可以说，复式记账法是用量化的方式观察世界。从产生至今，复式记账法已经逾500多年，足以改变人们的思维方式。复式记账法把商业体系变成了数据，是用数学的量化方法影响人们。遗憾的是，复式记账法传入中国很晚，已经到了20世纪。因此，中国人运用量化方法的步伐就减慢了许多。

其二是科学家使宇宙数学化，把物理世界变成了数据。早在古希腊，毕达哥拉斯就提出了"万物皆数"理论，在他的影响下，许多哲学家都认为世界是依照数学规律设计的。柏拉图也认为宇宙存在规律，数学是寻求这种规

①　涂子沛著：《数商：如何用数据思考和行动，并在智能时代胜出》，中信出版集团2020年版，第92页。
②　参见涂子沛著：《数商：如何用数据思考和行动，并在智能时代胜出》，中信出版集团2020年版，第93-94页。

律的关键，现实世界的基础是数。文艺复兴时期继承了古希腊的这种观念，并在此基础上发扬光大，认为上帝是数学家，通过数、量、度创造万物。开普勒的行星运动三定律就是用观察的数据研究科学，行星运动三定律都用数学公式表示，这就再清楚不过地告诉人们，自然界的规律就是数学规律。伽利略曾说："哲学被写在那本曾经展现于我们眼前的伟大之书上，这里我指的是宇宙。但是如果我们不首先学会用来书写它的语言和符号，我们就无法理解它。这本书是以数学语言来写的，它的符号就是三角形、圆和其他几何图形，没有这些符号的帮助，我们简直无法理解它的片言只语；没有这些符号，人们只能在黑夜的迷宫中徒劳地摸索。"① 伽利略非常重视量化方法，反对用定性的传统方法解释自然现象，认为这种方法不会增加人类的知识。虽然开普勒已经使用了量化方法，运用数学公式描述自然界的运行规律，但伽利略公开提倡量化方法，而正是这种定量方法的运用，带来了科学革命，因此，伽利略被人们称为"现代科学方法之父"。牛顿更是了不起，用数学公式把前面伽利略、哥白尼等人发明的物理定理推导出来，使人们清楚地看到物理定理是用数学描述的。正是哥白尼、开普勒、伽利略、笛卡尔、牛顿等科学家的共同努力，宇宙的数学化才成为众多科学家共同认可的真理，物理世界也才变成了数据。"物理学的目标就是寻找万事万物的规律，规律的最高形式就是定律，而定律的根基是数。"②

总之，复式记账法和科学的数学化，使欧美的计量方法得到了极大的飞跃，也改变了欧美人的思维方式。重视计量成为欧美的一种文化，甚至是一种生活方式。

(二) 计量史学兴起的哲学背景和技术背景

计量史学于 20 世纪 50 年代兴起于美国和法国，最初的研究领域是人口史、经济史，后迅速扩大到政治史、社会史、文化史、法制史、军事史等方

---

① ［美］爱德文·阿瑟·伯特著：《近代物理科学的形而上学基础》，徐向东译，北京大学出版社 2002 年版，第 56 页。

② 涂子沛著：《数商：如何用数据思考和行动，并在智能时代胜出》，中信出版集团 2020 年版，第 120 页。

面。到了 70 年代，计量史学已成为国际上一个重要流派，队伍庞大，研究成果众多。

定量分析方法虽然在历史研究中早已运用，但在很长历史时期内，人们更多地采用的是定性分析方法。为什么突然之间在史学家中重视起了量化分析方法呢？这里面有着深刻的哲学背景和技术背景。

我们知道，西方由于近几百年科学的高速发展，科学主义思潮便对社会、文化影响巨大。人们认为自然科学是知识的典范，社会科学研究应该采用自然科学的方法，使社会科学也具有客观性、普适性。笛卡尔认为科学是唯一的知识、永恒的真理，伦理的、美学的和神学的思想都将被科学的进步所排除。在这种思想影响下，思辨哲学受到了猛烈的冲击。黑格尔的哲学就被物理学家赫尔姆霍茨进行过抨击："本来自然界的事实才是检验的标准。我们敢说黑格尔的哲学正是在这一点上完全崩溃的。他的自然体系，至少在自然哲学家的眼里，乃是绝对的狂妄。和他同时代的有名科学家，没有一个人拥护他的主张。"[1] 科学触发了种种哲学运动，机械论、实用主义、实在论和实证主义等哲学流派都是在科学发展过程中形成的。传统哲学讨论的问题缺乏可证明性和可把握性，许多问题争论了几千年也没有结果。近现代哲学由于受科学的影响，追求概念、问题的确定性和明晰性，对那些争论不休的问题要么摒弃要么回避。

科学主义范畴包括的哲学派别有许多，"从实证主义、马赫主义到逻辑实证主义、批判理性主义和历史主义，包括过程哲学、一般系统哲学、结构主义等等"[2]。这些哲学派别既然都挂在"科学主义"名下，自然都具有近现代科学的基本特色，如追求实证性、精确性、客观性和确定性。在科学主义的影响下，别的学科的理论也越来越显得"科学"，计量史学在史学中的出现就是如此。历史学，这个被人们称为"任人打扮的小姑娘"的学科，突然也任性一回，拒绝被人胡乱打扮——这就是计量史学的贡献。

① ［英］W. C. 丹皮尔著：《科学史及其与哲学和宗教的关系》（下册），李珩译，商务印书馆 1975 年版，第 393 页。
② 霍俊江著：《计量史学研究入门》，北京大学出版社 2013 年版，第 4 页。

当然，我们也不要忘记第二次世界大战后，由于科学技术的迅速发展，新兴学科、交叉学科纷纷出现，自然科学对社会科学的影响比以往更大，历史学的科学化也刻不容缓，而计量史学的出现就是历史学者面对科学主义冲击的有力反映。

计量史学的出现也有技术背景。进行计量史学研究，需要掌握大量的数据材料，许多数据不是现成的，需要精心收集资料，认真进行统计，往往会耗费大量的人力、物力和时间。司马光主持撰写《资治通鉴》时，征引史料极为丰富，除十七史外，所引杂史诸书达数百种。马克思在撰写《资本论》的过程中，阅读了 2000 多册有关的经济学著作，收集了 4000 多种报纸杂志，研究了大量的英国官方会议的有关文件和蓝皮书，仅各种摘录、札记等就达 100 多本。在写作《资本论》第 3 卷时，需要研究俄国的地租问题，50 岁的马克思开始学习俄文。马克思逝世后留下的稿纸中竟有超过两立方米的材料是俄国的统计数字。马克思还用细小的字体写满了 3000 页纸的阅读笔记。[①] 由此可知，要撰写一本大部头的著作是很艰难的。假如这些著作大量引用统计数字，进行计量研究，耗费的精力更大。我们知道，研究历史花费的功夫一般要比研究现实问题花费的功夫大，耗费的精力多。研究历史需要搜集、检索大量资料，需要对资料进行甄别、校勘、考证、分类，需要对数据进行统计，最后需要研究、分析，每一个环节都费时费力。做卡片，记笔记，这是以往研究历史时需要下的硬功夫。但对于计量史学研究来说，需要花费的气力更大，个人要进行这方面的研究困难重重。好在随着计算机的出现，无论是搜集、检索资料，还是进行数字计算，都容易多了。技术上的便利使计量史学的诞生具有了可能性。

---

① 参见鲁从明著：《〈资本论〉的思想精华和伟大生命力》（修订本），中共中央党校出版社 2016 年版，第 18 页；周良书：《马克思为〈资本论〉耗尽一生心力》，央广网，https：// baijiahao. baidu. com/s？id＝1599136745586644791&wfr＝spider&for＝pc，2022 年 8 月 6 日访问。

（三）计量史学的发展历程

1. 美国计量史学的诞生和发展

（1）新经济史学的诞生和发展

历史学是一门人文科学，这是众所周知的事情。但是，计量史学的出现，却使这一划分产生问题。因为计量史学与传统的史学有许多不同，它更像社会科学，用科学的、精确的、定量的方法探讨问题；而传统史学则用思辨的、定性的方法探讨问题。所以，这样的史学新门类，它的历史并不长。但用计量方法研究历史在古代就有，强调用计量方法研究历史的学者过去也有。如德国学者 K. T. 伊纳马-施泰尔奈格在 1882 年就著有《历史学与统计学》一书，探讨用计量方法研究历史学问题。虽然，不少学者用计量方法研究历史，但作为一门具有完整体系、方法的学科，计量史学的兴起是在 20 世纪 50 年代。史学家公认计量史学发源于美国。1957 年 9 月，在美国经济史协会第十七届年会上，哈佛大学经济学家康拉德（A·H. Conrad）和迈耶尔（J·R. Meyer）作了题为《经济理论——统计学推论与经济史》的发言，主张在历史研究中要运用统计学的作用，把计量方法运用到历史研究中去。随后，康拉德、迈耶于 1957 年 12 月在美国《经济史杂志》上发表了题为《经济理论、统计推定和经济史》论文，这篇论文被公认为是第一篇计量史学论文。第二篇计量史学论文是 1958 年 4 月发表于《政治经济学杂志》上题为《南北战争前南部的奴隶制经济学》论文，作者也是康拉德、迈耶。这两篇论文的发表，标志着计量史学的诞生。这两篇论文不但方法独特，还让人难以忘记的是后一篇论文内容出奇制胜。人们对美国南方种植园经济的传统看法是经济效益低下，对奴隶剥削严重，是一种腐朽的、没落的生产方式，应该铲除掉。但是，康拉德、迈耶却冒天下之大不韪，公然替南方种植园经济评功摆好。作者搜集了大量资料，采用定量方法，用经济学观点对南方种植园经济的经济行为和经济运行状况进行了精细的研究，认为南方种植园奴隶经济所带来的利润远远高于其他机会所带来的利润。作者的观点是颠覆性的，但读罢论文却让人挠头，因为要推翻作者的"反动观点"非常难。论文是采用定量方法写的，证据确凿有力，要推翻作者的观点谈何容易。新观点新方法，使作者出尽风头，不但作者成名人了，论文也成名作了；更重要的是，一个新的史学流派诞生了。

随后，一系列计量史学论著发表或出版了，有 1961 年出版的诺思（D. North）的《1790—1860 年的美国经济增长》，1961 年出版的本森（Lee Benson）的《杰克逊民主的概念：纽约实例研究》，1961 年出版的戴维斯（L. E. Davis）、休斯（J. R. Hughes）和麦克杜克尔（D. M. Mcdougall）的《美国经济史：国民经济的发展》，1964 年出版的罗伯特·福格尔（Robert W. Fogel）的《铁路与美国经济增长：计量经济论文集》，1964 年出版的塞恩斯特鲁姆（Stephan Thernstrom）的《贫穷与进步：一个 19 世纪城市中的社会流动》，1969 年出版的德怀特·希尔德·帕金斯（Dwight H. Perkins）的《中国农业的发展，1368—1968》，1971 年出版的福格尔（Robert Fogel）和恩格尔曼（Stanley Engerman）合编的《美国经济史的重新解释》，1972 年出版的戴维斯（Lance E. Davis）等人合编的《美国经济的成长：经济学家的美国史》，1974 年出版的福格尔（Robert Fogel）和恩格尔曼的两卷本著作《苦难的时代——美国奴隶制经济学》，等等。这些论著的作者以罗伯特·福格尔影响最大。福格尔是美国著名经济学家、芝加哥经济学派代表人物之一，1993 年以他在计量经济史方面出色的工作获诺贝尔经济学奖。福格尔的《铁路和美国经济增长：计量经济史学论文集》的出版，标志着"历史计量学"或"新定量经济史学"的诞生。福格尔和恩格尔曼的两卷本著作《苦难的时代——美国奴隶制经济学》是经济计量史学上的革命性作品，改写了美国经济史。该书在赞同康拉德、迈耶观点的基础上，作了更深入的研究。作者借用计算机技术，利用统计学以及应用数学，把尘封的档案材料挖掘出来，重新进行了解读。以往研究美国南北战争的学者非常多，但采用大规模的量化方法研究的还没有。康拉德、迈耶的这方面研究成果只是论文，而福格尔和恩格尔曼的研究成果是两卷本专著，无论从深度还是广度上都超过了康拉德、迈耶的研究成果。福格尔和恩格尔曼经过研究认为奴隶制具有相当不错的效益，从南北战争前夕考察，从经济上看奴隶制并非腐朽没落。奴隶制农业与自由农业相比并非毫无效率，而且黑人农奴比自由的白人农业工人更加勤奋和高效（以往许多人认为黑人懒惰）。在物质生活水平上，奴隶比产业部门的自由工人还要高。南方经济在战争前一点都没有停滞，反而增长迅速。[1] 许多人出于意识形态的"正确性"，反对福格尔和恩格尔曼的研究成果。对于他们的研究成果进行商榷的论著字数超过他们的论著字数，但几十年过去了，他们的成果结论依然无人撼动，这就是计量史学的威力，也是数字的威力。如果没有大量的数字作证据，还是按以往作定性研究，其成果面对主流学界的"群体碾压"，要在学界站住脚就得打问号了。

福格尔等人研究经济史的论著被称为"新经济史"。旧经济史论著也引用统计数据，那么，新旧经济史之间有什么区别呢？福格尔于1963年在美国经济学年会上作了《"新经济史"初探》的学术报告，对这个问题作了回答。福格尔认为，在使用数字信息上，新旧经济史没有多大区别。但旧经济史习惯于引用那些可以直接计量的东西，那些只能间接计量的东西，就按照以往的套路，用定性方法进行解决。当然，新经济史最重要的特征在于它是依靠理论来计量以往无法计量的东西。所以，统计数字复原问题和间接计量问题就成为新经济史重点关注的问题，这就解决了旧经济史遇到的许多问题；过去认为无法计量的问题现在可以计量了，以前无法确定的问题现在可以确定了，以前因资料所限无法处理的问题现在可以处理了。福格尔还认为，恰当地制定计算模式至关重要，因为这涉及作为计量基础的理论在逻辑和经验上能否得到验证问题。所以，在制定模式时，重点要解决模式所依据的假设在经验上的正确性问题，以及运用某模式能否产生所需要的数据，以便成功地对具体条件进行评价问题。[2]

新经济史之所以被称为计量史学的一部分，就在于它在研究的过程中运用了数学方法，重点是数学中的统计方法以及回归分析方法。当研究资料充足时，采用统计方法就可以了，但当研究资料不足、数据较少时，就要运用复杂的数学方法了。这就需要进行数据挖掘，从现存数据中揭示隐含的、先

---

① 参见［美］罗伯特·威廉·福格尔、斯坦利·L.恩格尔曼著：《苦难的时代：美国奴隶制经济学》，颜色译，机械工业出版社2016年版，"前言"。

② 参见霍俊江著：《计量史学研究入门》，北京大学出版社2013年版，第32页。

前未知的并有潜在价值的信息。传统的史学在数据挖掘上就止步了，而新史学在这方面正好大显神威。[①] 所以，在运用数学方法上，新史学运用的数学方法既多又深，需要有相当数学水平的学者才能驾驭这种研究方法。福格尔在本科阶段最初的兴趣是爱好物理学和化学，数学基础一定不错，后来转向研究经济史，才在计量史学方面作出了杰出贡献。

（2）新社会史学和新政治史学的诞生和发展

计量史学在史学的几个领域都收获颇丰。除了在经济史领域外，在社会史和政治史领域也采用计量方法，出现了一批重要的研究成果，形成了新的流派，即新社会史学和新政治史学。

新社会史学与新经济史学几乎是在同一时间崛起的。历史学家本森于1957年发表的题为《美国政治史学研究中的若干问题》论文，认为研究美国的选举制度应把原始资料范围尽量扩大，不限于报纸和手稿，要扩大到可以用数值表示的任何资料。1961年，本森的专著《杰克逊民主的概念：以纽约为例》出版了，该书通过对选举报告的大量分析，研究了纽约州1844年的选举情况。1959年，科蒂出版了名为《一个美国社团的形成：一个边疆县城的民主的实例研究》一书，鼓舞大批学者开始了社会史的研究。

美国学者摩根·库泽尔对美国重要学术杂志作了统计分析，发现5种重要的历史类杂志（《美国历史评论》《美国历史杂志》《现代史杂志》《南方历史杂志》《威廉和玛丽杂志》），1961—1978年按页计算的表格数在不断增加。1961—1964年，5种杂志每100页表格数平均略多于1张；1974—1978年，5种杂志每100页表格数比1961—1964年增加了4倍。还有5种美国、德国和法国的专业性杂志（《经济史杂志》《跨学科历史杂志》《社会史杂志》

---

① 如日本学者村田忠禧在《通过对字词使用的计量分析研究中共党史》一文就对中华人民共和国成立后中国共产党召开的历届全国代表大会所作政治报告中使用的"社会主义"一词进行统计分析。作者统计的结果是：八大使用次数191次，九大66次，十大23次，十一大125次，十二大147次，十三大174次，十四大169次，十五大182次。作者认为，新中国成立后，中共的方针政策常以"社会主义"为主轴，但是，其表达方式则有所不同。村田忠禧把原来看起来不能用计量方法研究的问题变成可以用计量方法进行研究了，这种研究方法在计量史学出现之前是几乎没有的，而现在已经很普遍了。参见王瀛培：《计量史学研究综述——数学统计、计算机与历史研究的结合》，《池州学院学报》2011年第1期，第108页。

《社会和经济史季刊》（德国杂志）、《年鉴：经济、社会和文明》（法国杂志）），1961—1978 年，前期表格数量比上述历史类杂志要多，后期接近。

表格只是量化分析的一种，还有回归分析、动态数列、洛伦兹曲线、因子分析、方差分析、判别式分析、概率分析、逻辑分析、意义度量等。如果把这些分析都算上，1974—1978 年间，上述美国 5 种历史学杂志高级表格数量已达 84 张，而在 1961—1964 年间看不到 1 张高级表格。[①]

2. 其他国家计量史学的发展

欧洲计量史学的兴起和发展几乎与美国同时，但英国、法国、德国、苏联等国的计量史学与美国具有不同的特点。20 世纪 50 年代，英国的一些史学家用计量方法研究社会运动史、立法机构史。70 年代后，英国史学界在新经济史、新社会史和历史人口学等领域都有不少引人注目的学术成果。如，1971 年，英国学者安德森（M. Andersen）出版了《19 世纪兰开夏的家庭结构》一书，运用计算机研究了乡村和城市的居住环境、核心家庭父母子女的关系等问题。

法国的计量史学以年鉴学派为主。年鉴学派诞生于 1929 年，至今还在发生影响。不但深刻地影响了法国史学界，而且影响了世界许多国家的史学家。年鉴学派也非常重视计量方法。"计量革命"首先出现于经济领域，然后扩散到社会史、文化史领域。年鉴学派的创建者费弗尔（Lucien Febvre）和布洛赫（Marc Bloch）都曾使用过计量方法。法国计量史学的倡导者马泽夫斯基（Jeran Marczewski）与助手出版了《法国经济计量史》一书。拉布鲁斯（Ernest Labruosse）则是年鉴学派的一员大将，在大学讲授经济史，重点讲授 18 世纪法国物价与收入变动问题，他的所作所为使一代历史学家学会了计算，为计量方法的传播立下了汗马功劳，成为年鉴学派第二代的奠基人之一。20 世纪 60 年代中期以后，年鉴学派已经把计量方法作为治学的主要手段，甚至认为只有计量化的史学才是科学的史学。[②] 20 世纪的法国，最优秀的史学家

---

① 参见霍俊江著：《计量史学研究入门》，北京大学出版社 2013 年版，第 39-40 页。
② 参见王学典主编：《史学引论》，北京大学出版社 2008 年版，第 340-342 页。

在著述中或多或少都要用计量方法，完全不用的史学家很少。

随着计量史学队伍不断壮大，各国纷纷成立计量史学会或组织，如美国历史协会成立了计量史学分会，德国成立了历史与社会学研究计量与方法协会，苏联史学界成立了运用数学方法和电子计算机委员会，法国成立了计量经济史学会。国际历史学大会在 1972 年接纳计量史学为史学的新分支。计量方法论也成为美国许多大学历史学研究生培养方案中的组成部分。罗伯特·福格尔和道格拉斯·诺思这两位采用计量方法研究经济学的教授于 1993 年获得诺贝尔经济学奖，这是对计量史学的褒奖。当然，用计量方法研究政治史、文化史、心态史、社会史等历史分支的学者就没有这样的福分。

总之，计量史学从 20 世纪 50 年代后期兴起到现今，已发展了 60 多年，对于史学的影响甚巨，各国史学界没有受到计量史学影响的甚少。

二、计量方法对法史学的影响

计量方法在历史上大多运用于人口统计、经济统计，到近代，进行犯罪统计的国家也越来越多。从计量史学的发展历程来看，计量方法最早用于研究经济史，然后扩大研究范围，涉及社会史、政治史、文化史、心态史等领域。当然，计量方法也影响到法史学界，不少著述都有计量方法的影子。

新政治史学领域是计量方法影响较早的领域之一，研究的领域包括大众选举、议会内的表决机制等问题。政治史中的一些问题也涉及法律问题，可以说，计量方法对法史学影响是比较早的。但计量方法对法史学的影响很快就超出了新政治史学的范围，与政治学无关的法史学领域也大量采用计量方法进行研究。从计量史学兴起至今，国外用计量方法研究法史学问题颇有影响的著述有：1957 年 L. 本森发表的论文《美国政治史学研究中的若干问题》，1960 年出版的 A. 坎贝尔（Angus Campbell）等著的《美国选民》，1961年出版的本森的《杰克逊民主的概念：纽约实例研究》，1977 年出版的艾德洛特（William O. Aydelotte）编的《议会活动史》，1978 年出版的西比尔等编的《美国选举行为史》，1980 年出版的海斯（S. P. Hayes）的《作为社会分析的美国政治史学》，1981 年出版的诺斯的《经济史中的结构与变迁》就是这方面的名著。

选举问题既是政治问题也是法律问题，是新政治史学着力研究的领域。传统的政治史研究对群体的政治活动不太重视，而对选举中少数精英人物的个人行为特别重视；传统的政治史研究在理论分析方面显得不够，而对选举过程方面描述得比较多。新政治史学采用了计量方法等一系列新方法，弥补了这些缺陷，使研究不断地走向了深入。

本森的《杰克逊民主的概念：纽约实例研究》是政治史、法制史领域一本重要著作。作者以美国纽约州为研究对象，分析了杰克逊时代种族和文化对选举行为的影响。书里使用了大量的计量资料，作者把选举记录转化为可用机器阅读的数据库，这就使资料的运用得心应手。

当然，用计量方法研究法制史的论著也不少，如高德曼在《哈佛法律评论》上发表的一篇论文，采用计量方法对 1961—1964 年间 2510 个上诉案件和 2776 份上诉书进行了深入的分析。[①] 1960 年代，美国学者 R. P. 麦考密克在对美国 1824 年 18 个州选举资料进行计量分析后，发现这些州选举的投票率都没超过历史水平，从而证明以前所说的"普选"只是一个彻头彻尾的神话。美国学者步德茂撰写的《过失杀人、市场与道德经济》[②] 一书，是美国"新法制史"研究的一部代表作。该书大量采用计量方法，运用经济学理论研究法律问题，丰富了法律经济学思想。作者论述了经济变迁与犯罪、法律的关系，以命案发生的频次作为衡量指标，反映其背后市场、人口等一系列要素的变迁。美国学者丽贝卡·霍姆斯（Rebecca Holmes）等人撰写的论文《进步运动时期美国劳动法规实施力度的测度》[③] 通过对 19 世纪末 20 世纪初劳动力市场立法强度的指标进行研究，最后得出结论，认为美国劳动法没有阻碍劳动生产率的提高。英国学

---

① Joel B. Grossman. "Social Backgrounds and Judicial Decision-Making, an article from the Symposium: Social Science Approaches to the Judicial Process", in Harvard Law Review, 1966, Vol. 79. 转引自屈茂辉、匡凯：《计量法学的学科发展史研究》，《求是学刊》2014 年第 5 期，第 104 页。屈茂辉、匡凯这篇论文还引用了其他几例国外用计量方法研究法制史的著述。

② ［美］步德茂著：《过失杀人、市场与道德经济》，张世明等译，社会科学文献出版社 2008 年版。

③ ［美］乔舒亚·L. 罗森布卢姆主编：《量化经济史——统计的作用》，易行等译，社会科学文献出版社 2021 年版，第 169-204 页。

者珍妮特·卡森（Janet Cassn）撰写的论文《19世纪英国女性的土地所有权》① 利用23966块土地的信息分析了19世纪英国女性的土地所有权问题。英国学者萨拉·霍雷尔（Sara Horrell）等人撰写的论文《贪婪与犯罪——18世纪和19世纪中央刑事法庭盗窃记录所揭示的消费》② 通过对1750年至1821年英国中央刑事法庭记录中记载的入室盗窃案的研究，揭示了特定商品的社会流行趋势和社会影响面，反映了伦敦消费走势的变化。著名华人经济学家、耶鲁大学前教授、现香港大学教授陈志武是量化方法的积极提倡者和实践者，他与其他人共同主编的《量化历史研究》专辑已出版多辑。他自己以及与他人合作撰写的用计量方法研究法史学的论文有多篇，从知网上搜索到的就有《清代命盗重案的统计特征初探——基于10.6万件案件的分析》《清代妻妾价格研究——传统社会里女性如何被用作避险资产?》《清代官绅家庭资产结构一般特征初探——以抄产档案为中心的研究》《高利贷与贫困陷阱：孰因孰果——反思民国时期农村借贷的利率问题》《乾隆中期和道光中后期债务命案研究》《阶级身份、互联性交易、季节性与民间借贷——基于民国时期北方农村家计调查》《土地抵押权与发展农村金融——基于历史交易合约的实证研究》《民间借贷中的暴力冲突：清代债务命案研究》《清代中国的量化评估——从命案发生率看社会变迁史》《近代中国农村借贷市场的机制——基于民间文书的研究》等论文。③

---

① ［英］马克·卡森等主编：《经济史中的大数据——研究方法和案例》，白彩全等译，社会科学文献出版社2020年版，第273-304页。
② ［英］马克·卡森等主编：《经济史中的大数据——研究方法和案例》，白彩全等译，社会科学文献出版社2020年版，第337-367页。
③ 陈志武、林展、彭凯翔：《清代命盗重案的统计特征初探——基于10.6万件案件的分析》，《新史学》2020年第1期；陈志武、何石军、林展、彭凯翔：《清代妻妾价格研究——传统社会里女性如何被用作避险资产?》，《经济学》（季刊）2019年第1期；云妍、陈志武、林展：《清代官绅家庭资产结构一般特征初探——以抄产档案为中心的研究》，《金融研究》2018年第2期；陈志武、彭凯翔、袁为鹏：《高利贷与贫困陷阱：孰因孰果——反思民国时期农村借贷的利率问题》，《量化历史研究》2017年第三、四合辑期；林展、陈志武、彭凯翔：《乾隆中期和道光中后期债务命案研究》，《清史研究》2016年第2期；林展、陈志武：《阶级身份、互联性交易、季节性与民间借贷——基于民国时期北方农村家计调查》，《清华大学学报（哲学社会科学版）》2015年第5期；林展、陈志武：《土地抵押权与发展农村金融——基于历史交易合约的实证研究》，《金融论坛》2015年第8期；陈志武、林展、彭凯翔：《民间借贷中的暴力冲突：清代债务命案研究》，《经济研究》2014年第9期；陈志武、彭凯翔、朱礼军：《清代中国的量化评估——从命案发生率看社会变迁史》，《量化历史研究》2014年第1期；彭凯翔、陈志武、袁为鹏：《近代中国农村借贷市场的机制——基于民间文书的研究》，《经济研究》2008年第5期。

荷兰学者亨利·范·马尔赛文（Maarseveen, H. Van）和格尔·范·德·唐（Tang, G. Van der）撰写的《成文宪法的比较研究》[①]一书，运用计量方法，采用计算机处理浩繁的数据，对各国宪法进行定量研究。该书的中译本最早一版是 1987 年由华夏出版社出版的，2007 年北京大学出版社出版时直接把书名改为《成文宪法——通过计算机进行的比较研究》。该书对截至 1976 年 3 月 31 日的 142 个国家和地区的宪法进行比较研究，其比较的内容非常广泛，有宏观的问题也有微观的问题，远非一般的比较宪法著作所能比及。如宪法是否提到革命，宪法是否提到法律面前人人平等或人的平等权利，宪法是否包括关于法治或法制的一般规定，宪法是否涉及社会正义，宪法是否规定国家的箴言，宪法是否提及纪念物、艺术家，宪法的原文是否是英文，宪法的平均长度，等等问题，都是别的比较宪法著作很少涉及或不涉及的。总之，这是一部特点非常鲜明的比较宪法名著，如果没有采用计量方法进行研究，是无法达到如此效果的。

道格拉斯·诺斯（Douglass C. North）是新经济史学领域的主要代表人物，曾获诺贝尔经济学奖，主要著作有《1790—1860 年的美国经济增长》《美国过去的增长与福利：新经济史》《西方世界的兴起：新经济史》《制度变化与美国的经济增长》《经济史上的结构与变革》《制度、制度变迁及经济绩效》等。诺斯运用新古典经济学和经济计量学研究经济史问题，特别是用可靠的统计资料作为研究的坚实基础，成果突出，影响巨大。诺斯认为对经济增长起决定性作用的不是以往许多人认为的技术性因素而是制度性因素，而诺斯所说的制度包括所有制、分配机制、管理、法律政策等等。诺斯在《经济史上的结构与变革》一书中说："制度是为约束在谋求财富或本人效用最大化中个人行为而制定的一组规章、依循程序和伦理道德行为准则。"[②] 从这个有关

---

① ［荷］亨利·范·马尔赛文、格尔·范·德·唐著：《成文宪法的比较研究》，陈云生译，华夏出版社 1987 年版。作者选用的 142 个国家和地区的宪法文本有些历史非常悠久，如《美国宪法》（1787 年）、《比利时王国宪法》（1831 年）、《卢森堡大公国宪法》（1868 年）、《荷兰王国宪法》（1815 年）、《挪威王国宪法》（1814 年）和《瑞士联邦宪法》（1874 年）都有一二百年的历史。可以说，对这些宪法的研究与研究历史没有多少差别。我国学者王惠玲撰写的《成文宪法的比较研究——以 107 部宪法文本为研究对象》（对外经济贸易大学出版社 2010 年版）一书也采用了计量方法。

② ［美］道格拉斯·C. 诺思著：《经济史上的结构与变革》，厉以平译，商务印书馆 1992 年版，第 195-196 页。

"制度"的定义中可以看出，"谋求财富或本人效用最大化"这样的字眼显然带有经济学色彩，而"制定的一组规章、依循程序和伦理道德行为准则"这样的字眼则明显具有法学色彩。作为经济学家，诺斯思考问题的方式自然处处从经济学角度出发，而要研究制度这样的问题，又无法脱离法律制度，"规章""程序""准则"显然是惯常的法律用语。所以，诺斯研究的制度其实在很大程度上就是法律制度，或者说是民商法制度和经济法制度。诺斯是以经济学家、历史学家著称于世的。其实，从一定意义上说，诺斯也够得上一位研究制度、产权的法学家，我们从他的著述中处处都可看到他对法律制度的阐述，如《经济史上的结构与变革》一书中的许多地方就是在阐述法律问题。①

我国学者用计量方法研究法史学的人也不少，如郭松义的论文《清代403宗民刑案例中的私通行为考察》《从赘婿地位看入赘婚的家庭关系——以清代为例》，高松的论文《清代刑案资料在社会生活史研究中的价值——以乞丐案件为例》，黄心瑜的论文《奸情犯罪女性的形象塑造——以〈资政新书〉37例判词为中心》，夏静的论文《从命案率看清代社会经济变迁对暴力冲突的影响》，赖惠敏的论文《情欲与刑罚：清前期犯奸案件的历史解读（1644—1795）》，江桥的论文《乾隆朝民人死刑案件的初步统计与分析》，等等。②

在国内国外，通篇法史学论文或整个法史学专著采用计量方法进行研究的已经不少，论文或专著中某一部分采用计量方法进行研究的更多。从整体上说，采用计量方法研究法史学的论著越来越多，研究水平越来越高。"计量史学不像当代西方的其他史学流派注重新理论，而是强调新方法，从而动摇

① 在《经济史上的结构与变革》一书的第十四章"1989—1914年美国经济的结构和变革"中，论述了宪法制定者是怎样试图控制国家以及这些控制最终是如何失败的。参见［美］道格拉斯·C.诺思著：《经济史上的结构与变革》，厉以平译，商务印书馆1992年版，第183-194页。

② 郭松义：《从赘婿地位看入赘婚的家庭关系——以清代为例》，《清史研究》2002年第4期；郭松义：《清代403宗民刑案例中的私通行为考察》，《历史研究》2000年第3期；高松：《清代刑案资料在社会生活史研究中的价值——以乞丐案为例》，《学习与探索》2016年第3期；黄心瑜：《奸情犯罪女性的形象塑造——以〈资政新书〉37例判词为中心》，《南京大学法律评论》秋季卷；夏静：《从命案率看清代社会经济变迁对暴力冲突的影响》，《量化历史研究》2017年第三、四合辑；赖惠敏：《情欲与刑罚：清前期犯奸案件的历史解读（1644—1795）》，《中西法律传统》2008年第1期；江桥：《乾隆朝民人死刑案件的初步统计与分析》，《满学研究》第3辑（1996年）。

了历史学方法论的基础。因此，站在史学发展史的角度看，计量史学对历史学的改造，比其他史学流派要深远得多。尽管如此，计量史学改造历史的脚步仍不会就此停顿。"①

三、计量方法使法史学从定性和描述性转向定量和分析性

在计量史学没有出现之前，传统的史学研究采用的是定性和描述性的方式。我们知道，历史是对过去事实的记录，而记录就是一种描述。对于历史的专门性研究就是历史学。斯宾塞曾说："历史学家所能承担的最高职责，不过是对各国各族生活的叙述，为某种'比较社会学'提供素材。"② 这句话意味着历史学不过是对各国各族生活的描述，对于斯宾塞这样的社会学家来说，整天与理论打交道，自然看不起与以"叙述"为主的历史学家。所以，斯宾塞认为，社会学宛如大厦巍然而立，而历史学则周遭乱石碎瓦混然堆积。

其实，史学家眼中的历史有三种世界："一是现象世界，即历史'是什么'；二是根源世界，即历史'为什么是什么'；三是意义世界，即历史能给我们的现在和将来提供什么……很显然，这三个世界与学术研究的要求各有不同：现象的世界需要描述，根源的世界需要追究，意义的世界需要探求。"③ 虽然有三个世界，但以往，在历史长河中，"现象世界"是历史学家眼中最重要的世界，"根源世界"和"意义世界"历史学家也重视，可毕竟无法与"现象世界"相比，《史记》一书就主要关注"现象世界"，"根源世界"和"意义世界"不是关注的重点。

历史需要史学家的描述，"史学家依据一定的理论预设、一定的参照框架、一定的价值准则，为达到某种特定的意图，采取一定的方法，对零散、杂乱、众多的历史事实进行选择、取舍、整理、强调、归纳、组合而勾画出

---

① 徐煜、刘建民：《计量史学的过去与未来》，《光明日报》2009年11月17日，第10版。
② ［英］彼得·伯克著：《历史学与社会理论》（第2版），李康译，上海人民出版社2019年版，第14页。
③ 胡旭晟：《描述性的法史学与解释性的法史学》，《法律科学》1998年第6期，第39页。

的一定区域、一定时间内的人类社会是变迁过程，就是这里所说的描述的历史"①。

其实，从"历史"一词的起源就可发现历史的描述性质。"史"字在我国很早就有了，甲骨文、金文中就已出现。但在汉代之前，"史"字指官职，而非历史。《说文解字》曰："史，记事者也。"自从唐代史学家李延寿的《南史》《北史》面世后，才开始用"史"来指称"史籍""历史的记录"。直到清末，"历史"一词方出现。在"史""历史"词语未出现时，记言记事在中国古代用"书""记""乘""梼杌""春秋"等词指称。尽管很长时期没有"史""历史"这两个词语，但《汉书·艺文志》一句"左史记言，右史记事"就已证明古代中国的史官是在"描述"历史，而不是在阐释历史。现在我们使用的"史""历史"词语具有"史籍""过程"两方面的含义。古代西方英语、法语和意大利语"历史"一词来自拉丁语、希腊语 Historia，该词是古希腊史学家希罗多德的一本书，译为汉语则是《历史》。Historia 具有"询问""追问""通过对目击者的证词进行调查而获得事实真相"含义，后引申为"记录"之意。在德语、荷兰语"历史"一词具有"发生的事件"之意。所以，中西历史一词都具有"记录事件""往事本身"的内涵。② 正如黑格尔所说："在我们的语言中，历史一词兼有客观的侧面与主观的侧面，因而既表示事件的记录，又表示事件的本身。历史是事实的描述，亦是事实本身。"③ 可以说，从中西历史的起源开始，历史就具有描述的性质了。

以往的历史学既是描述性的，也是定性的。所谓定性，是指主要依靠直觉、经验对事物的性质、特点、发展变化规律作出判断，是通过非量化的手段来探究事物的本质。定性需要讲出相关的原理或者变化趋势，观测、实验和分析等手段是定性的基本手段。定性研究方法是从事物的内在规定性来研究事物的一种方法或角度，因为"质"就是一事物区别于其他事物的内在规定性。定性分析方法的主要功能是解释。从历史上看，古代普遍采用定性方

① 王学典主编：《史学引论》，北京大学出版社 2008 年版，第 11 页。
② 参见王学典主编：《史学引论》，北京大学出版社 2008 年版，第 4—5 页。
③ ［德］黑格尔著：《历史哲学》，王造时译，上海书店出版社 1999 年版，第 63 页。

法研究问题（我们从亚里士多德的著作中就可看出，他研究物理学、生物学等基本上都采用的是定性方法），直到近现代，由于科学的发展，更由于伽利略、开普勒、笛卡尔和牛顿等人的提倡和示范作用，定性方法才逐渐被定量方法所取代。相比于自然科学，人文科学受定量方法的影响比较滞后，尽管十八九世纪史学著作采用量化方法研究问题已经开始，但是，在计量史学出现前，采用定性方法研究史学这一主流趋势丝毫没有改变。直到计量史学出现后，这一趋势才开始改变。

与定性相对应的是定量。定量是指通过事物的数量特征来对事物特性进行界定。定量方法是对事物现象的特征、关系和变化规律的数量描述及分析。定量方法需要分析整个过程，然后再作出相关细节分析。定性方法是一种价值判断，而定量方法则是一种事实判断，建立在经验主义哲学基础之上。如果说定性分析是用"语言"来描述一件事物的特性，那么，定量分析是用"数字"来描述一件事物的特性。定量方法的优越之处在于它的实证性、客观性和明确性。在科学发展的今日，这些特性就是科学指引的目标。

使用计量方法研究法史学离不开分析，因为史学家在采用计量方法研究法史学时会面对大量的数字图表、数学模型，不对之进行理论分析，不与其他证据相互联系，就显得作用不大。所以，简单地对历史资料采用数学方法、统计方法和计算机技术进行处理，而不对其进行理论分析，这样的研究其价值是打了很大折扣的。对研究对象作量化分析是近现代科学飞速发展的重要因素之一，而采用计量方法研究史学、法史学意味着史学、法史学也在向科学靠拢；因此，尽管计量方法有一定缺陷，但从总体来说，它的正面价值不容低估。

四、计量方法给法史学带来的影响

计量史学采用量化方法研究史学，显然是受自然科学的影响。伽利略是近代科学之父，他倡导在科学研究中应以量代质，从此，近现代科学掀起了化质为量的风暴。这个风暴先在自然科学卷起狂澜，后波及社会科学。当计算机诞生后，千百年让人头痛的卷帙浩繁的史学资料终于让计算机"玩弄"于股掌之上。于是，借助于计算机，采用统计方法，史学掀起了"科学"革命。从20世纪50年代迄今，计量史学已经走过60多年的历程，取得了辉煌的成就。法史学属于史学的一个重要分支，也受到计量方法的影响，产生了一批名著，出现了不少具有影响的学者。那么，计量方法给法史学带来了哪些影响呢？

（一）采用计量方法能提高法史学的科学化程度

我们知道，文史哲属于人文科学的范围，与社会科学的特性不同。法史学属于史学的分支，也属于人文科学的范围。人文科学是对人的文化生命、对人的生命存在与生命活动的研究。它探讨人的本质，建立价值体系，塑造精神世界；研究的是人的观念、精神、情感和价值。哲学家卡西尔说："理解人类的生命力乃是历史知识的一般主题和最终目的。在历史中，我们把人的一切工作、一切业绩都看成是他的生命力的沉淀，并且想要把它们重组成这种原初的状态——我们想要理解和感受产生它们的那种生命力。"① 人是什么，只有历史才能讲清楚。但采用什么方式讲，讲法是否科学却是大有讲究的。人类历史悠久，很长时期在讲自己历史时都带有神话色彩，即使经过文艺复兴、启蒙运动，神话色彩渐渐从历史中隐去，但人文科学与社会科学相比，科学性是明显不足，更不用说与自然科学相比。这主要是因为人文科学具有个性化、民族性、非实证性、超越性和历史积淀性等特性。个性化是人文科学的灵魂，也是史学的最重要特征。一部《史记》，如果没有司马迁"究天人之际，成一家之言"的探求，就不会成为"史家之绝唱，无韵之离骚"。所谓"成一家之言"就是在追求个性化、追求个人印记。倘若作者没有这个"野心"，作品就难以成功，更不用说会成为经典。"文如其人""诗如其人"都是在讲人文科学必须具有个性化。缺乏个性化，作者的生命精神灌输不进作品中，作品就会显得干瘪，没有精气神，失败是必然的。即使是人文科学中的新理论、新学说，在提出时就烙上了作者的印记，而且在发展、嬗变过程

---

① ［德］恩斯特·卡西尔著：《人论》，甘阳译，上海译文出版社1985年版，第233页。

中也具有深深的个性特征。

　　自然科学在近现代得到了飞速发展，实证方法推广到社会科学中的许多学科，成为社会科学发展的一个助推器。但对于人文科学来说，在探讨人的本质、建立价值体系、塑造精神世界的过程中，所建构的思想和理论很难通过实验、实践的检验证实或证伪。当然，文史哲中的一些领域，如文献学是可以通过实证方法证实或证伪的，但大多数领域是无法做到的。而社会科学以社会现象作为研究对象，旨在揭示人们自己的社会行动和社会发展的规律。由于科学主义、实证主义的影响，社会科学的科学性、实证性越来越强。而人文科学虽然号称"科学"，但它的个性化、非实证性色彩，距离"科学"相距甚远。但计量史学却在很大程度上改变了史学的这一特征。史学中采用量化方法已有悠久的历史，但把量化方法作为主要方法的史学研究出现后，史学就已宣布，它正在向科学迈进。这是因为，近现代科学的大发展离不开伽利略化质为量的思想。"实际上，现在人们心目中客观、公正、准确衡量事物的标准，就是量化标准。科学技术的标准显然是量化的，经济、金融、生产管理的标准也是高度量化的。现在量化标准又逐渐渗透到社会调查、绩效评价、组织管理、品行和能力考核等诸多领域，增强了这些领域评价考核的客观性和严格性，这些成效是毋庸置疑的。"[①] 采用计量方法可以使模糊的问题变得明确，不确定性的问题变得确定，决策变得有依据。而且计量方法研究的对象具有客观性，是独立于研究者之外的某种客观存在物，所以，定量研究者的目的在于探求人类行为的一般规律。"科学思想的主要目的之一就是要排除一切个人的和具有人的特点的成分。用培根的话来说就是，科学力图'按照宇宙的尺度'而不是'按照人的尺度'来看待世界。"[②] 因此，计量方法就是一种科学方法，用这种方法研究史学，自然会提升史学的科学化程度。计量史学的出现，虽然没能把整个史学带入社会科学领域，但计量史学作为史学的一个分支，却成功地从人文科学领域转入了社会科学领域，主观性减

---

①　王前著：《哲学的解蔽——从知识到体验》，人民出版社 2009 年版，第 222 页。

②　[德] 恩斯特·卡西尔著：《人论》，甘阳译，上海译文出版社 1985 年版，第 288 页。

弱了，客观性增强了，变得更加科学了。

（二）采用计量方法拓宽了法史学的研究领域

计量方法，是以"量"取胜，以"量"作为研究问题的特征。因此，在采用计量方法研究问题时，所选取的样本数量比较大，是从数量关系上揭示事物的性质。由于计量方法有这些特点，所以，研究者会把关注的重点转向下层普通百姓，转向人类的日常生活，转向妇女史、家庭史、人口史、城市史、社区史等领域。当然，具体到法史学领域，选举史、议会活动史、制度史、历史案例的统计和分析等领域都成为计量法史学关注的重心。

在我国法史学界，近些年来，利用清代、民国档案材料研究法史问题的学者越来越多，研究结果也颇引人注目。尤其是清代内阁"刑科题本"档案材料使用价值最大，许多人利用这一档案材料研究各类问题。虽然是"刑科题本"，但涉及的问题非常广泛，政治、经济、社会、文化、法律等问题都可利用"刑科题本"档案材料进行研究。郭松义的论文《清代 403 宗民刑案例中的私通行为考察》就利用"刑科题本"等档案材料和书籍，搜集到清代 403 宗民刑案例中的私通行为进行研究，发现了许多问题。作者对男方身份和女方身份或家庭成分作了统计，发现男子身份为绅衿及绅衿子弟的 6 人，地主 8 人，幕客、训蒙 3 人，自耕农民 17 人，佃农 11 人，商人、铺主、雇主 19 人，手艺人、小贩 18 人，雇工、学徒 29 人，兵丁、衙役 9 人，奴仆 7 人，僧侣 6 人，无业游民、逃犯 14 人，共 147 人。在这些人中，绅衿及绅衿子弟，地主，幕客、训蒙，商人、铺主、雇主家庭算是比较富裕的，共有 36 人，占比 24.5%；穷人 111 人，占比 75.5%。女子身份或家庭成分为绅衿 5 人，地主 8 人，训蒙、医生 4 人，自耕农民 23 人，佃农 16 人，商人、雇主 22 人，手艺人、小贩 12 人，佣工 41 人，旗人、兵丁 5 人，婢女 7 人，孤寡人家 5 人，乞丐和无业者 11 人，共 159 人。绅衿，地主，训蒙、医生，商人、雇主，算是富裕人家，共有 39 人，占比 24.5%；穷人 120 人，占比 75.5%。从以上统计数字可以看出，男女私通者的家庭身份富人和穷人的占比相差不大。①

_____

① 参见郭松义：《清代 403 宗民刑案例中的私通行为考察》，《历史研究》2000 年第 3 期，第 55 页。

从403宗私通者中找到有关系的335例，亲属之间发生私通行为的有82例，占比24.5%；同辈之间私通的有42对，占比12.5%；隔代之间私通的有27对，占比8%。宋明理学宣扬"饿死事小，失节事大"，但在现实社会中，亲属之间私通的所占比例却不小，尤其是隔代之间私通的人数实在不少。在封建社会，隔代之间私通者属于乱伦之举，视为禽兽行为，处罚非常重，非斩即绞。据统计，私通者相互之间的关系有侄与婶、叔伯与侄媳、叔与侄女、翁与儿媳、婿与岳母、舅与甥女、父与女、继父与女、祖父与孙媳、孙与祖父妾。这说明尽管社会上不断地在讲宋明理学那一套理论，但事实上还有许多人我行我素，把孔圣人的教导不当回事。像父与女、祖父与孙媳、孙与祖父妾这类私通者在孔子眼中肯定属于"是可忍，孰不可忍"的范围，但这些私通者却冒天下之大不韪，敢于铤而走险。[①] 由统计资料可以看出，私通者大多是底层老百姓，尤其是雇工、学徒、自耕农民、商人、雇主这类人群。富人私通者除了商人、铺主、雇主这类易发生私通的群体外，其他群体发生私通的比例并不高。通过计量方法研究清代私通者这一社会现象，可以了解官方意识形态对于中国底层老百姓的影响程度，是哪些人在干这些为社会所不齿的行为。所以，采用计量方法对这类问题进行研究无疑拓宽了法史学的研究领域。

(三) 采用计量方法推翻了以往采用定性方法研究得出的结论，促进了法史学的发展

在史学界乃至法史学界，都有一些定论，是以往采用定性方法研究或者采用小样本研究而得出的结论。这些结论影响广泛，人们深信不疑。但是，采用计量方法，由于所选样本规模大，最后得出的研究结论与以往的定论截然不同，从而促进了史学、法史学的发展。譬如，前面提到的福格尔和恩格尔曼的两卷本著作《苦难的时代——美国奴隶制经济学》，该书是计量史学的经典，改写了以往史学界的共识，即认为美国南方奴隶制种植园经济是没有

---

① 参见郭松义：《清代403宗民刑案例中的私通行为考察》，《历史研究》2000年第3期，第55-56页。

效率的，阻碍经济发展。美籍华人陈志武教授及其团队采用计量方法研究中国法制史，得出的结论也与传统的定论不一样，让人耳目一新。

陈志武与他的团队，利用清代的档案材料，与其他学者一起采用计量方法研究清代的案例。陈志武是一位著名的经济学家，通过各类案件，研究清代的民间借贷问题、家庭资产结构问题、妻妾价格问题、债务问题，等等。尽管他的论文大多是从经济学角度研究这些案例的，但从客观效果来说，他为计量法史学作出了重要贡献。例如，陈志武与林展、彭凯翔合作撰写的论文《民间借贷中的暴力冲突：清代债务命案研究》，通过对清代内阁"刑科题本"① 档案中民间借贷过程中发生的暴力冲突问题进行量化分析，发现了不少与以往学者认识不一致的问题，从而提出了自己独特的看法。陈志武等人认为，由高利贷引发的命案，贷方死亡的比例远远要高于借方；而且，在遇到灾歉年份时，官府对发放高利贷的行为管制得更为严厉，从而造成贷方的死亡比例比以往更高的局面。而且，在命案中，借方死亡比例高于贷方死亡比例的情况是在零利率时；在正利率情况下，贷方死亡比例随着利率的上升而上升。50 岁以上的人大多都看过电影《白毛女》（故事片或舞剧），知道恶霸地主黄世仁通过发放高利贷逼死雇农杨白劳的剧情，在发放高利贷行为中，贷方是强势一方，而借方则是弱势一方。但陈志武他们通过计量方法，通过大量的案例分析，证明在历史上，高利贷行为的贷方死亡的比例远远要高于借方；这就推翻了以往人们的旧认识，知道在清代，高利贷的贷方并不见得是社会中的强人，在借贷关系中，他们反而是弱势群体，生命常常受到借方的威胁。另外，从经济学角度进行分析，当借贷纠纷发生时，贷方打死借方对自己一点好处都没有，不但讨不回来债，而且要偿命，没有一点激励机制，借贷双方打死对方的激励极不对称。还有，贷方去借方家中追债，借方往往人多势众，而贷方人少力弱，吃亏的自然是贷方，这就是贷方死亡人数多于

---

① 题本是中国明清时期高级官员向皇帝报告政务的文书之一。清代开始有题本、奏本之别，因难以区分，乾隆把奏本取消，一律用题本。直到光绪二十七年（1901 年），取消题本，又用奏本。清代内阁题本档案基本上是按照吏、户、礼、兵、刑、工分项整理。"刑科题本"档案被大量保存下来，成为研究清代社会尤其是法制史的重要文献。

借方的一个重要原因。黄世仁带着枪领着一大帮狗腿子上门讨债，这种强弱极端悬殊的情形在现实中可能存在，但毕竟不是很普遍，在作者的研究样本中并不多见。当今人们对高利贷的认识与这类电影的片面宣传有很大关系，直接影响了民间借贷的发展，对经济的发展是不利的。作者还发现，在 478 名贷方中，其身份是地主的只占 10.9%，是雇农的占 63.2%，是自耕农的占 12.1%，是佃农的占 13.8%。①

　　林展、陈志武撰写的论文《阶级身份、互联性交易、季节性与民间借贷——基于民国时期北方农村家计调查》② 通过对伪满洲国和伪蒙古联合政府 49 个村庄 3555 件实态的借贷交易合约调查数据的分析，发现在借贷双方中，贷方身份是地主的借贷交易占比约为 13%。地主除向地主借贷外，还向雇农、佃农和自耕农借贷。占比超过 70% 的借贷交易是发生在亲戚和朋友之间。让人们惊讶的是，贷方系地主的借贷交易，利率反而更低。年关和春耕时期，地主放债的利率并没有提高，利率更低的可能性反而更大。这就把以往一些学者或者官方的认识颠覆了，因为在国内，公认的观点是：地主作为剥削阶级对贫雇农这样的被剥削阶级经常进行残酷剥削，借贷时利率肯定会更高。在年关和春耕的紧要关头，地主放债时剥削程度也就是贷款利率会更高。林展、陈志武通过对大量的调查数据进行分析，证明了高利贷并不是地主对贫雇农剥削的主要手段。林展、陈志武所引用的调查材料尽管是在日本人控制下进行的调查，但学界公认这批调查材料是近现代调查材料中质量最高的几种之一，对数据分析结果我们没有理由不信。在近现代社会中，不排除一些地方地主利用非常高的贷款利率残酷盘剥贫苦农民，但从林展、陈志武论文反映的情况来说，地主放贷利率并不高，这至少说明在一些地方地主并不利

---

① 参见陈志武、林展、彭凯翔：《民间借贷中的暴力冲突：清代债务命案研究》，《经济研究》 2014 年第 9 期，第 170、171 页。

② 林展、陈志武：《阶级身份、互联性交易、季节性与民间借贷——基于民国时期北方农村家计调查》，《清华大学学报（哲学社会科学版）》 2015 年第 5 期。

用很高的利息盘剥农民。①

　　陈志武与林展、彭凯翔合作撰写的论文《清代中国的量化评估——从命案发生率看社会变迁史》则从量化角度,从大样本的角度来梳理清朝的社会历史。一般来说,学者公认康乾盛世是清朝全盛时期,国泰民安,社会蒸蒸日上,而到了19世纪,嘉庆、道光年间清朝已经开始衰弱。1840年,爆发鸦片战争,从此以后,西方列强的洋枪洋炮在中国大地横行,清朝从此"国将不国"了,成为洋人欺凌的对象,中国老百姓也深受其害,日子一天不如一天。按说,18世纪是清朝强盛时期,命盗重案案发率要比其他时期低,而19世纪是多事之秋,命盗重案案发率要高,但陈志武等学者通过对中国第一历史档案馆中的"刑科题本"档案进行研究,共搜集了近4000份案例,跨度从乾隆初期的1736年到清末的1895年(中间20多年档案材料有缺失)。陈志武他们经过研究,发现康乾盛世的18世纪,清朝的土地债务类人命案和婚姻奸情类人命案的案发率一直在上升;而到了19世纪,清朝已进入衰世,但两类人命案的案发率从1820年开始却在不断下降。就GDP在全球所占比重来说,清朝在18世纪是上升的,而在19世纪则是不断下降的。按说,当GDP在全球所占比重越来越大时,土地债务类人命案和婚姻奸情类人命案的案发率应该下降才对,而当GDP在全球所占比重越来越小时,两类人命案的案发率越来越大才对。可是,实际情况正好相反。陈志武他们认为,以往,我们主要受两次鸦片战争和太平天国运动的影响,觉得19世纪应该不如18世纪。其实,这些事件的社会影响是有限的,我们觉得其影响大是受教科书的夸大

①　经济学原理告诉我们,借贷是社会经济运转的重要环节,是社会生活中不可缺少的组成部分。高利贷是借贷的一种方式,古今中外都存在,不同的是利率的多少。从现有资料来看,汉代以降各个朝代都对高利贷利率作了限制性规定:汉代的年利率不超过10分,唐代月利率不超过6分、4分,金代至清代以及北洋政府时期月利率不超过3分,南京国民政府时期年利率不超过2分(即20%)。中共在革命根据地实行严格的利率限制,规定年利率不得超过1至1.5分,因为农业生产利润一般不到2分,借贷利息不得超过生产利润。2015年8月,最高人民法院颁布《关于审理民间借贷案件适用法律若干问题的规定》,指出借贷双方约定的利率超过年利率36%,超过部分的利息约定无效(参见李金铮:《释"高利贷":基于中国近代乡村之考察》,《社会科学战线》2016年第9期,第95页)。可以看出,在中共领导人民革命时期,规定的借贷利率是有史以来最低的,这也是动员群众参加革命的一个有效手段。因此,在中共夺取政权之地,在文学作品、戏剧电影中,高利贷被视为极端负面的形象,对高利贷者严惩不贷。

影响造成的。由于中国幅员辽阔，大多数人口实际上受两次鸦片战争和太平天国运动的影响微乎其微。战争和大的政治事件固然对于社会有着大的影响，但相对于命案来说，这种命案数据库的"随机取样"，更具有代表性一些、更全面一些，其价值和完整度也更高一些。所以，18世纪的中国，并不像原来理解的那样歌舞升平，而19世纪的中国，人们的安全感在社会的大范围内反而越来越高。① 陈志武他们论文的结论是建立在大数据基础之上，这样的观点有近4000个案例做论据，尽管与传统观点不符，但要推翻这样的观点却是不容易的。这就是计量史学的优越之处。

有学者利用清代"刑科题本"档案对清代妇女再婚现象进行研究。清代官方提倡妇女守节，各级官府都大力表彰节妇。清代的各种地方志都有列女传，记载地方烈女、贞女事迹。《清史稿·列女传序》载："礼部掌旌格孝妇、孝女、烈妇、烈女、守节、殉节、未婚守节，岁会而上，都数千人。军兴，死寇难役辄十百万。"据对各朝节烈妇女的统计，周代节烈妇女人数是13人，秦代是1人，汉代是41人，魏晋南北朝是64人，隋唐是61人，五代是2人，辽代是5人，宋代是274人，金代是28人，元代是742人，明代是35829人，清代是12323人。② 清代许多妇女婚后夫亡，别说再嫁，往往殉节，追随丈夫而去。雍正皇帝觉得"夫亡之后，妇职之当尽者更多，上有翁姑，则当代为奉养。他如修治苹蘩，经理家业，其事难以悉数，安得以一死毕其责乎？朕今特颁训谕，有司广为宣示，俾知孝子节妇，自有常经，伦常之地，皆合中庸，以毋负国家教养矜全之德。倘训谕之后，仍有不爱躯命，蹈於危亡者，朕亦不概加旌表，以成激烈轻生之习也"③。雍正皇帝尽管不提倡"不爱躯命，蹈於危亡者"，但从内心讲还是认为"妇人从一之义，醮而不改，乃天下

---

① 参见陈志武、彭凯翔、朱礼军：《清代中国的量化评估——从命案发生率看社会变迁史》，《量化历史研究》2014年第1期，第4-8页。

② 参见董家遵著：《历代节烈妇女的统计》，载鲍家麟编著：《中国妇女史论集》，（台北）稻香出版社1979年版。转引自杜芳琴：《明清贞节的特点及其原因》，《山西师大学报》（社会科学版）1997年第4期，第41页。

③ 赵尔巽主编：《清史稿·忠义传》"李盛山传"。

之正道"①。从这些史书上看，似乎清代妇女再嫁是很少见的，但学者从清代"刑科题本"档案材料中发现，在民间，女性再婚是非常普遍的现象，尤其是在中下层人家中。②

（四）利用电子计算机技术提高了计量法史学研究的效率

作为一门学科，计量史学形成于 20 世纪 50 年代。计量史学除了离不开数学方法、统计学方法外，还离不开电子计算机技术。用计量方法研究法史学当然离不开电子计算机技术，因为计量法史学是计量史学的一部分。世界上第一台电子计算机于 1946 年在美国研制成功，此后，经过多次更新换代，已经非常适合进行数据的存储、整理、检索、计算。可以说，计量史学与电子计算机技术二者几乎是同步发展的，利用电子计算机技术现在已经成为计量史学的不可或缺的组成部分，没有电子计算机技术就没有计量史学。

计量史学、计量法史学涉及大量材料、大量数据运算，靠人工摘抄、人工运算困难重重。但有了电子计算机后，这些问题迎刃而解，方便了法史学研究，提高了法史学研究的效率。现在，许多档案馆都运用电子计算机技术，通过信息化平台向公众开放档案材料。譬如，中国第一历史档案馆馆内档案信息化平台截至 2019 年已开放数字化档案近 440 万件，官方网站已公开数字化档案目录 374 万余条。极有价值的"刑科题本"档案通过信息化处理，部分内容可以在第一历史档案馆档案信息化平台上查阅利用，极大地方便了研究者。③ 一些研究者自己也在电子计算机上建立资料库，把海量的数据输入，方便研究时使用。电子计算机最方便的是检索资料，可以从不同方面、不同角度进行检索，然后进行研究。以往在研究时就无法做到这一点，严重影响研究的进度。

当然，电子计算机最让人称奇的是它具有史料的分析能力；对人来说，这是一个巨大的帮助。电子计算机对资料的分析从资料被转换为机器可读的形式开始。计算机遵循的系列指示就是程序，这个程序是按计算机语言编写

---

① 赵尔巽主编：《清史稿·忠义传》"李盛山传"。
② 参见葛剑雄、周筱赟著：《历史学是什么》，北京大学出版社 2005 年版，第 224 页。
③ 参见孙莹：《一史馆开放 10 万件清内阁刑科题本档案》，中国档案资讯网，http：//www.zgdazxw.com.cn/news/2020~01/07/content_ 300838.htm，2022 年 8 月 20 日访问。

的。各种程序集（程序包）为人们编出所有分析方法。

总之，计量史学、计量法史学的关键词是"计量"，而电子计算机在计量方面恰恰具有自身的巨大优势，这就为计量史学、计量法史学的发展提供了条件。作为工具，电子计算机在计量史学、计量法史学的发展过程中是称职的。假如没有电子计算机，计量史学、计量法史学的发展肯定会受到影响，肯定不会取得如今的成就。自然而然，电子计算机也成为计量史学、计量法史学的组成部分。在大数据时代，没有电子计算机的计量史学、计量法史学是无法想象的。

五、计量法史学的局限性

任何一种方法都有其优缺点，在带来优越性的同时不可避免地会带来局限性，计量方法也是如此。计量方法确实给史学、法史学带来了革命性的影响，推进了史学、法史学的科学化进程，推翻了史学史上、法史学史上一些定论，使史学、法史学向前迈进了一大步。但计量法史学的局限性也是明显的，我们在清楚其优点的同时必须了解其缺陷，这样才能使计量法史学平稳地向前发展，不至于出现问题。

那么，计量法史学研究方法有哪些缺陷呢？

首先，采用计量方法使法史学论著的可读性减弱。可以说，在自然科学、社会科学和人文科学诸领域，人文科学与人的心是贴得最紧的，因为人文科学是探讨人的本质、价值体系和精神世界这些人的内在世界的学问。而在人文科学领域，史学从表面上看，似乎是与古今中外的各种死人打交道的；但实际上，我们是从今人的立场上，从今人的价值观出发臧否古人的，所以，才有一切历史都是当代史之说。而对今人本质的理解又必须回到历史中去探讨。德国哲学家狄尔泰说："人是什么，只有他的历史才会讲清楚。"① 史学

---

① ［德］威廉·狄尔泰著：《梦》，载田汝康等选编：《现代西方史学流派文选》，上海人民出版社 1982 年版，第 9 页。

属于人文科学领域，而以往的史学又是描述的，所以，以往的史学著作读起来非常精彩，即使是研究性著作也是特别吸引人的，如中国的《史记》（司马迁著）、《三国志》（陈寿著）、《资治通鉴》（司马光著）、《国史大纲》（钱穆著）、《万历十五年》（黄仁宇著）、《历史大脉络》（许倬云著）、《中国法律与中国社会》（瞿同祖著）、《寻求自然秩序中的和谐》（梁治平著）、《中西法律文化比较研究》（张中秋著）、《法律与文学——以中国传统戏剧为材料》（苏力著）、《明镜高悬：中国法律文化的多维观照》（徐忠明著）和《从司法为民到大众司法》（侯欣一著）等等，如外国的《历史》（希罗多德著）、《路易十四时代》（伏尔泰著）、《历史研究》（汤因比著）、《英雄和英雄崇拜》（卡莱尔著）、《罗马史》（特奥多尔·蒙森著）、《蒙塔尤》（埃马纽埃尔·勒华拉杜里著）、《古代法》（梅因著）、《美国宪法的经济观》（比尔德著）、《法律与革命——西方法律传统的形成》（伯尔曼著）和《奶酪和蛆虫——一个十六世纪磨坊主的世界观》（金兹伯格著）等等。但是，计量史学、计量法史学出现后，虽然科学性增强了，更具客观性了，但由于数据、图表甚至数学公式在论著中不断出现，阅读起来趣味性显得不足，有些论著甚至味如嚼醋。当然，如果这些论著的读者对象是专业史学研究者倒也罢了，若是普通读者那就糟了，肯定影响阅读效果。所以，为了增强论著的可读性，就不应单独采用计量方法研究法史问题，而应该同时采用其他研究方法，这样就可弥补计量方法的缺陷。

其次，计量法史学不适宜法思想、法观念方面的研究。世间的事物有的既可以定量也可以定性，如学习成绩，既可用分数计量，也可用优、良、中、及格和不及格评价，甚至只用好和差来评价。还有些事物只能定量或定性。计量法史学只涉及历史现象中量的方面，是从数量关系上揭示历史现象的本质。所以，法律思想、法律观念和法律精神这些东西就无法用数量关系来概括、揭示，用计量法史学研究历史上某一时期的法律思想、法律观念、法律精神就是徒劳的。当然，我们必须清楚，计量史学、计量法史学是随着科学的不断发展，随着计算机技术的不断进步而出现的。历史上许多不能量化的事物随着科学的发展现在就可以量化了；或许经过若干年，今日不能量化的事物将来就可以量化了，法律思想、法律观念、法律精神也许就是如此。但在目下，我们应当知道计量方法的缺陷，至少在现今它是无法啃下法律思想、法律观念和法律精神这些硬骨头的。

再次，计量法史学关注的是整体、群体，忽视对个体、个案的关注。计量法史学是从数量角度对所选取的法律历史现象进行整体性的研究，弥补以往研究的不足。由于过去研究者研究的样本有限，得出的结论难免存在缺陷，而计量法史学研究的样本数量非常大，致使研究同一问题最终研究结论与过去研究结论截然不同。前面提到的陈志武等人撰写的论文《民间借贷中的暴力冲突：清代债务命案研究》就是例证。但是，计量方法在带来好处时，自身也存在缺陷，关注了整体却对个案关注不够。而个案研究法就是对单一的研究对象（某个人、某个组织或某个群体）进行深入而具体研究的方法。个案研究用通俗的叫法就是"解剖麻雀"的方法。由于研究的对象少，研究的便认真、全面、深入，这是计量方法难以做到的。所以，我们在看到计量方法研究历史问题的优势时，一定不要忘记它也有缺陷，只有把定量与定性方法结合起来，才能发挥各自的优势，弥补各自的缺陷。当然，就目前来说，我国采用计量方法研究法史学还不够广泛，还应大力提倡，不能因为其存在缺陷就把计量方法放弃。

最后，采用计量方法得到的研究成果难以检验。由于计量方法往往采用的是大数据，且运用的是计算机技术、数学方法和统计学方法，研究成果不是一目了然就可断定其对错，这就给同行和读者带来了困难。比如，前面引用的陈志武等人撰写的论文《清代中国的量化评估——从命案发生率看社会变迁史》，从"刑科题本"档案中搜集了近4000份命盗重案进行研究，其他人要验证该文的研究结论的对错比较难。福格尔与恩哲尔曼合写的《苦难的时代：美国黑奴制经济学》一书，从浩如烟海的档案馆材料之中，搜寻原始的、甚至手写的档案材料，获得了完整的关于奴隶制经济运行的数据与信息，从而写出了一部推翻旧说的著作。作者引用档案资料之多，运用数学方法之高深，在计量经济史上都是罕见的。这样的有关经济制度史方面的著作，他人要"纠正"其差错是非常困难的。尤其是有些计算过程是在电脑中运用的，在书中是看不到的，发现其差错更难。

结　语

计量史学从 20 世纪 50 年代出现迄今，已有 60 多年的历程；而计量法史学诞生的时间与计量史学相差无几。计量法史学已经在中外法史学界引起了学者的重视，出现了一批有影响的论著。由于计量法史学科学性、客观性强，它在推动法史学进步过程中起到了重要作用，所以，现在采用计量方法研究法史学的学者是非常多的。在大数据时代，档案材料经过信息化处理后，用计量方法研究法史学更为方便，研究者自然会更多。最关键的是，利用计量方法得到的研究成果客观性、科学性强，很难被推翻，这就是一些研究者乐意采用计量方法的重要原因之一。

计量史学、计量法史学最初出现是被当作一个史学流派对待的。其实，我们更应该把计量方法作为研究历史、研究法史学的一个常用方法；只要具备条件，就加以采用，这对推进计量法史学的发展会更加有利，阻力会更小。

社会发展到今天，数学对法学的影响越来越广泛，越来越深入。对于法学专业的学生来说，任何时代都没有现在这么迫切需要学习高等数学知识。在司法实践中存在着广泛的概率思考，证明力、证明标准、事实认定等各个环节均要运用概率。数字正义有助于实现更高水平的公平正义；数字民主开启了民主的新形式，挑战了少数服从多数民主原则；数字技术为纠纷的解决提供了新的方式。在大数据时代，需要开放法律数据，挖掘法律数据的潜在价值，把以前无用的法律数据，变为有用的法律数据。一切皆可量化突出了数字时代数学的法律作用。在数字时代，量化方法越来越多，从前一些不可量化的法律现象现在变得可以量化，促进了法律的科学化进程。所有的这一切，都需要掌握数学知识才能有效运用。

美国学者韦伯斯特指出："在所有的事实当中，用数据描述的事实是最准确、最锐利、最有说服力的。因此，描述一个事实，增强客观性、减少主观性的最好方法，就是尽可能地使用数据。"[①] 对于中国的法史学者来说，由于对高等数学普遍不熟悉，采用计量方法研究法史学会遇到一定的障碍，所以，在高等院校的法学专业、史学专业中应当开设高等数学课，补上数学这块短板。

[①] 涂子沛著：《数据之巅：大数据革命、历史、现实与未来》（第2版），中信出版集团2019年版，第34页。

奠定数字时代法学理论的基础

——评《迈向数字社会的法律》

从世界历史来看，数学对法律文化有三个影响大的时期，即古希腊时期、文艺复兴至 19 世纪初和 20 世纪。古希腊与文艺复兴以后的西方，数学观念与法律观念在深层次上是相通的，数学观念对法律文化的影响是全面、深入的；近代西方法律最重要的原则都是在接受数学方法后才确立起来的。而在 20 世纪，伴随着系统科学的兴起，诞生了多个数学分支，成功地解决了复杂大系统问题，使包括法学在内的社会科学的数学化成为可能。

信息科学是系统科学的组成部分，信息革命使人类迈入了数字社会，人们的社会关系、行为模式和价值观念都发生了巨大的变化，对既有的法律观念、法律体系和法律制度产生了严峻的挑战。面对挑战，必须积极应战，对传统的法学范式进行升级换代；尤其是在基础的法哲学领域，"亟需进行新的命题提炼和理论创新"（参见马长山著：《迈向数字社会的法律》，法律出版社 2021 年版，第 16 页。以下引文皆出自此书）。马长山教授的新著《迈向数字社会的法律》在这方面作出了重要的贡献，从一定意义上说，该书奠定了数字时代法学理论的基础，在广度、深度上超越了国内同类法学著作。

一、系统勾勒数字时代法学变革蓝图

信息文明是人类社会的一种新型文明形态。工业革命把人类从繁重的体力劳动中解放出来，而信息革命则把人类从繁杂的脑力劳动中解脱出来。如果说脑力劳动比体力劳动更重要的话，那么，信息革命比工业革命更伟大，引发的社会变革意义更重大、范围更广泛。

具体到法学领域，该书把信息革命对法学的影响归结为四个方面，即研究理念的转换、知识谱系的更新、理论逻辑的重建和教育模式的探索，系统勾勒了数字时代法学变革的蓝图。比如，在知识谱系的更新方面，该书认为，信息革命使现代性知识谱系的基础发生了动摇。在法学理论上，"理性人"假设就需要重新审视。因为智能互联网打造了去中心化、扁平化、破碎化、自由化的无限场域，"理性人"就变成了"微粒人"（第 23 页）。我们知道，"理性人"假设是立法、执法的前提。法律只关注正常人，正常人亦即"理性人"。倘若法律关注的"理性人"变成了"微粒人"，那么，以往构筑的法学大厦就坍塌了，法学的基本范畴、价值理念和理论基础等在内的知识谱系就需更新。

二、提炼中国问题致力于自主创新

在中国现代化进程中，由于我们是在追赶，所以更多的是模仿，对中国问题的提炼、对自主创新的重视总体上是不够的。但是，作为一个大国，作为历史悠久的一种灿烂文明，提炼不出中国问题，自主创新不够，实现中华民族的伟大复兴就是一句空话。所幸，该书在这方面没有让人失望。

该书探讨了数字时代在中国建立包容共享型法治道路的可行性。西方式的法治道路是在西方的社会环境中产生的，移植到中国，有水土不服问题。所以探索法治道路，一定要结合中国社会现实，走出中国自主的法治道路。包容共享型法治道路就是立足中国社会现实，汲取本土资源养料，融入数字社会，创立适合中国特色的法治道路。该书在这方面的理论探讨非常深入，认为在中国，"采取政府推进、官民合作的包容共享型法治路径更具可行性"（第 301 页）。

有关人权问题也是该书着力探讨的问题。在数字时代，人权问题也有新的变化，该书把"数字人权"称为"第四代人权"。"它以数据和信息为载体，展现着智慧社会中人的数字化生存样态和发展需求的基本权利"（第 140

页）。"数字人权"大幅拓展了人的自主性，实现了新时代的人权价值加持和人权的品质升级。

三、弯道超车追赶世界法学前进步伐

改革开放已逾40年，在法治建设中，我们移植了许多西方的法治模式，借鉴了许多西方的法治经验。

但是，在数字时代，在许多领域，我国同西方发达国家的发展步伐是同步的，有些领域我国甚至是领先的。在这种情况下，我们采用弯道超车，追赶世界法学前进的步伐不仅是可能的，而且是完全能够做到的。该书列举网络金融、网上交易、移动支付、网约车、自动驾驶等新业态、新模式，认为在这些新业态、新模式中，就受诸多"中国元素"的影响，如历史文化、民族性格、经济模式、社会体制，等等。在数字社会中，要注意提炼"中国问题"，"确立数字时代的法律理念，重塑法学范畴、理论体系和研究方法，推动法学理论的变革创新"（第17页）。只要我们的科技走在世界前面或与别国同步，我们就会在这些领域内拥有话语权，包括法学领域内的话语权，"从而为建立符合数字时代发展要求的新型法律体系奠定坚实基础"（第18页）。

四、探索智慧治理理论提供新型治理诉求

推进国家治理体系和治理能力现代化是党和国家的一项重大战略任务。在数字时代，智慧治理是推进国家治理体系和治理能力现代化的最重要的手段之一。该书用了将近三分之一的篇幅重点阐述"数字社会的智慧治理"问题。

该书对数字时代的"软法之治"特别关注，认为在互联网时代，既有的正式法规难以适应海量的商业交易和迅速的业态创新，于是催生了各种民间交易规则的兴起，掀起了一场"软法革命"。这些新兴的民间"软法"不再对"硬法"起填补性功能，而是"在'软法'不能及时回应、不能有效规制、不能明辨正当性的条件下，先行予以厘定私人权益、规制交易关系，具有建构新制度和新秩序的功能，从而成为社会治理法治化的试验场和'软法

之治'的牢固基石"（215 页）。

在互联网时代，网络犯罪、网络谣言、网络安全等问题日益引起重视，所以，推动网络空间治理和网络公民建设就成为当务之急。针对上述问题，该书作者提出了自己的对策，认为要强化网络空间的自我行为规制、重叠性共识和制度认同，建立网络空间治理的多元自律参与机制，培养公民精神与法治素养。

数字社会，由于生产生活已经数字化、智能化，就呈现出与以往工商业社会完全不同的治理诉求和治理逻辑。该书在这方面作了深入的论证。"数字社会所创造出来的利益则基本上通过数据信息来掌控，主要是按照技术赋权来分配"（第 275 页），而共建共享是数字时代社会治理逻辑和治理体系的关键，平台引领与"软硬协同"是其基本的治理模式。

当然，任何书籍都存在大大小小的缺陷。由于数字社会还处在发展过程中，好多与数字社会有关的法学理论探讨还处于"勾勒"阶段，不可能太具体。但不可否认的是，该书的理论探讨，从整体上是走在法学界的前面的，具有极大的创新性；而数字社会又如此重要，与人们的关系密不可分，所以，该书值得法学界关注。

（载《法治日报》2021 年 7 月 15 日第 10 版）

参考文献

一、中文著作

《周易》，杨天才、张善文译注，中华书局 2011 年版。

［战国］ 商鞅：《商君书》。

［汉］ 许慎：《说文解字》，［宋］ 徐铉校，中华书局 2013 年版。

［北齐］ 魏收：《魏书》，中华书局 1974 年版。

［南宋］ 秦九韶：《数书九章》，商务印书馆 1937 年版。

［清］ 王明德：《读律佩觿》，何勤华等点校，法律出版社 2001 年版。

赵尔巽主编：《清史稿》。

顾颉刚：《秦汉的方士与儒生》，上海古籍出版社 1998 年版。

黄仁宇著：《放宽历史的视界》，生活·读书·新知三联书店 2001 年版。

高乐田著：《神话之光与神话之镜》，中国社会科学出版社 2004 年版。

中国大百科全书总编辑委员会《社会学》编辑委员会编：《中国大百科全书·社会学》，中国大百科全书出版社 1992 年版。

王前著：《哲学的解蔽——从知识到体验》，人民出版社 2009 年版。

张志伟、欧阳谦主编：《西方哲学智慧》，中国人民大学出版社 2000 年版。

周濂著：《正义的可能》，中国文史出版社 2015 年版。

王海明著：《新伦理学》，商务印书馆 2001 年版。

王海明著：《新伦理学》（修订版，上中下），商务印书馆 2008 年版。

王海明著：《新伦理学原理》，商务印书馆 2017 年版。

王海明著：《伦理学方法》，商务印书馆 2003 年版。

王海明著：《国家学》（全 3 册），中国社会科学出版社 2012 年版。

王子嵩等著：《希腊哲学史》（2），人民出版社 1993 年版。

冯友兰著：《中国哲学史新编》（第 1 册），人民出版社 1982 年版。

甘筱青等著：《〈论语〉的公理化诠释》（修订版），江西人民出版社 2012 年版。

甘筱青等著：《〈老子〉的公理化诠释》，江西人民出版社 2016 年版。

甘筱青等著：《〈孟子〉的公理化诠释》，江西人民出版社 2014 年版。

甘筱青等著：《〈荀子〉的公理化诠释》，江西人民出版社 2015 年版。

葛剑雄著：《中国人口发展史》，四川人民出版社 2020 年版。

霍俊江著：《计量史学研究入门》，北京大学出版社 2013 年版。

鲁从明著：《〈资本论〉的思想精华和伟大生命力》（修订本），中共中央党校出版社 2016 年版。

林炎平著：《我们头上的灿烂星空》，浙江大学出版社 2010 年版。

葛剑雄、周筱赟著：《历史学是什么》，北京大学出版社 2005 年版。

王学典主编：《史学引论》，北京大学出版社 2008 年版。

陈嘉映著：《哲学·科学·常识》，东方出版社 2007 年版。

吴国盛著：《科学的历程》（第 4 版），湖南科学技术出版社 2018 年版。

吴国盛著：《什么是科学》，广东人民出版社 2016 年版。

李醒民著：《科学论：科学的三维世界》（上卷），中国人民大学出版社 2010 年版。

李醒民著：《科学论：科学的三维世界》（下卷），中国人民大学出版社 2010 年版。

胡作玄著：《数学是什么》，北京大学出版社 2008 年版。

蔡天新著：《数学简史》，中信出版集团 2017 年版。

蔡天新著：《数学与人类文明》，商务印书馆 2012 年版。

蔡天新著：《数学传奇：那些难以企及的人物》，商务印书馆 2016 年版。

杜瑞芝主编；《数学史辞典》，山东教育出版社 2000 年版。

萧文强著：《数学证明》，大连理工大学出版社 2008 年版。

王前著：《数学哲学引论》（第 2 版），辽宁教育出版社 2002 年版。

邓东皋等编：《数学与文化》，北京大学出版社 1990 年版。

胡作玄著：《数学与社会》，大连理工大学出版社 2008 年版。

吴国盛著：《技术哲学讲演录》，中国人民大学出版社 2006 年版。

范明林、吴军编著：《质性研究》，格致出版社、上海人民出版社 2009 年版。

陈向明著：《质的研究方法与社会科学研究》，教育科学出版社 2000 年版。

涂子沛、郑磊编著：《善数者成——大数据改变中国》，人民邮电出版社 2019 年版。

涂子沛著：《数商：如何用数据思考和行动，并在智能时代胜出》，中信出版集团 2020 年版。

涂子沛著：《数文明——大数据如何重塑人类文明、商业形态和个人社会》，中信出版集团 2018 年版。

涂子沛著：《大数据：正在到来的数据革命，以及它如何改变政府、商业与我们的生活》，广西师范大学出版社 2015 年版。

涂子沛著：《数据之巅：大数据革命、历史、现实与未来》（第 2 版），中信出版集团 2019 年版。

王宏志编著：《大数据分析原理与实践》，机械工业出版社 2017 年版。

吴军著：《智能时代——大数据与智能革命重新定义未来》，中信出版集团 2016 年版。

郑磊著：《分开的数林——政府数据开放的中国故事》，上海人民出版社 2018 年版。

马化腾等著：《数字经济——中国创新增长新动能》，中信出版集团 2017 年版。

程祖瑞著：《经济学数学化导论》，中国社会科学出版社 2003 年版。

史树中著：《诺贝尔经济学奖与数学》，清华大学出版社 2002 年版。

史树中著：《数学与经济》，大连理工大学出版社 2008 年版。

何正斌译著：《经济学 300 年》，湖南科学技术出版社 2010 年版。

汪世荣等著：《"枫桥经验"：基层社会治理体系和能力现代化实证研究》，法律出版社 2018 年版。

《中国大百科全书》总编辑委员会编：《中国大百科全书·法学》（修订版），中国大百科全书出版社 2006 年版。

吕世伦主编：《西方法律思想史论》，商务印书馆 2006 年版。

沈宗灵著：《现代西方法律哲学》，法律出版社 1983 年版。

李桂林、徐爱国著：《分析实证主义法学》，武汉大学出版社 2000 年版。

张维迎著：《信息、信任与法律》，生活·读书·新知三联书店 2006 年版。

何柏生著：《法律文化的数学解释》，商务印书馆 2015 年版。

熊继宁著：《系统法学导论》，知识产权出版社 2006 年版。

吴世宦著：《法治系统工程学》，湖南人民出版社 1988 年版。

韩旭至著：《人工智能的法律回应——从权利法理到致害责任》，法律出版社 2021 年版。

白建军著：《刑法规律与量刑实践：刑法现象的大样本考察》，北京大学出版社 2011 年版。

徐国栋著：《民法基本原则解释——成文法局限性之克服》，中国政法大学出版社 1992 年版。

邓峰著：《代议制的公司——中国公司治理中的权力和责任》，北京大学出版社 2015 年版。

二、中文译著

［苏联］列宁著：《哲学笔记》，人民出版社 1956 年版。

［法］保尔·拉法格等：《回忆马克思恩格斯》，人民出版社 1957 年版。

［英］罗素著：《西方哲学史》（上卷），何兆武、李约瑟译，商务印书馆 1963 年版。

［英］罗素著：《西方哲学史》（下卷），马元德译，商务印书馆 1976 年版。

［德］赫尔曼·施密茨著：《无穷尽的对象：哲学的基本特征》，庞学铨、冯芳等译，上海人民出版社 2020 年版。

［美］撒穆尔·斯通普夫、詹姆斯·菲泽著：《西方哲学史》，邓晓芒、匡宏等译，西方联合出版公司 2019 年版。

［美］理查德·德威特著：《世界观：现代人必须要懂的科学哲学和科学史》（原书第 2 版），孙天译，机械工业出版社 2019 年版。

［德］恩斯特·卡西尔著：《人论》，甘阳译，上海译文出版社 1985 年版。

［德］于尔根·雷恩著：《人类知识演化史》，朱丹琼译，九州出版社 2023 年版。

［荷兰］斯宾诺莎：《伦理学》（第 2 版），贺麟译，商务印书馆 1983 年版。

［英］马尔萨斯著：《人口原理》，朱泱等译，商务印书馆 1992 年版。

［德］沃尔克·哈尔巴赫著：《真之公理化理论》，邵强进等译，科学出版社 2021 年版。

［美］肯尼斯·J. 阿罗著：《社会选择与个人价值》（第 3 版），丁建峰译，格致出版社、上海三联书店、上海人民出版社 2020 年版。

［美］丹尼斯·C. 缪勒著：《公共选择理论》，杨春学等译，中国社会科学出版社 1999 年版。

［奥］约翰·卡斯蒂等著：《逻辑人生——哥德尔传》，刘晓力等译，李文潮译，上海科技教育出版社 2002 年版。

［美］丽贝卡·戈德斯坦著：《不完备性——哥德尔的证明和悖论》，唐璐译，湖南科学技术出版社 2008 年版。

［德］黑格尔著：《历史哲学》，王造时译，上海书店出版社 1999 年版。

[英] 魏根深著：《中国历史研究手册》（中册），北京大学出版社 2016年版。

[英] 彼得·伯克著：《历史学与社会理论》（第 2 版），李康译，上海人民出版社 2019 年版。

[英] 罗德里克·弗拉德著：《计量史学方法导论》，王小宽译，上海译文出版社 1997 年版。

[美] 道格拉斯·C. 诺思著：《经济史上的结构与变革》，厉以平译，商务印书馆 1992 年版。

[美] 乔舒亚·L. 罗森布卢姆主编：《量化经济史——统计的作用》，易行等译，社会科学文献出版社 2021 年版。

[英] 马克·卡森等主编：《经济史中的大数据——研究方法和案例》，白彩全等译，社会科学文献出版社 2020 年版。

[美] 罗伯特·威廉·福格尔、斯坦利·L. 恩格尔曼著：《苦难的时代：美国奴隶制经济学》，颜色译，机械工业出版社 2016 年版。

[美] 阿尔文·托夫勒著：《第三次浪潮》，黄明坚译，中信出版集团 2018 年版。

[美] 明恩溥著：《中国人的性格》，李明良译，陕西师范大学出版社 2010 年版。

[法] 加斯东·巴什拉著：《科学精神的形成》，钱培鑫译，江苏教育出版社 2006 年版。

[德] 汉斯·波塞尔著：《科学：什么是科学》，李文潮译，上海三联书店 2002 年版。

[英] 布莱恩·里德雷著：《科学是魔法吗》，李斌、张卜天译，广西师范大学出版社 2007 年版。

[美] 范内瓦·布什、拉什·D. 霍尔特著：《科学：无尽的前沿》，崔传刚译，中信出版集团 2021 年版。

[美] 托马斯·库恩著：《科学革命的结构》，金吾伦等译，北京大学出版社 2003 年版。

［美］约瑟夫·阿伽西著：《科学与文化》，邬晓燕译，中国人民大学出版社 2006 年版。

［美］伯纳德·巴伯著：《科学与社会秩序》，顾昕等译，生活·读书·新知三联书店 1991 年版。

［英］A. N. 怀特海著：《科学与近代世界》，何钦译，商务印书馆 1959 年版。

［美］I. 伯纳德·科恩著：《自然科学与社会科学的互动》，张卜天译，商务印书馆 2018 年版。

［荷］H. 弗洛里斯·科恩著：《科学革命的编史学研究》，张卜天译，商务印书馆 2022 年版。

［意］保罗·罗西著：《现代科学的诞生》，张卜天译，商务印书馆 2023 年版。

［美］戴维·林德伯格著：《西方科学的起源》，王珺等译，中国对外翻译出版公司 2001 年版。

［美］詹姆斯·E. 麦克莱伦第三、哈罗德·多恩著：《世界史上的科学技术》，王鸣阳译，上海科技教育出版社 2003 年版。

［英］W. C. 丹皮尔著：《科学史及其与哲学和宗教的关系》（下册），李珩译，商务印书馆 1975 年版。

［法］莱昂·罗斑著：《希腊思想和科学精神的起源》，陈修斋译，段德智修订，广西师范大学出版社 2003 年版。

［澳］彼得·哈里森著：《圣经、新教与自然科学的兴起》，张卜天译，商务印书馆 2019 年版。

［美］R. 克朗、罗宾著：《什么是数学：对思想和方法的基本研究》，I. 斯图尔特修订，左平等译，复旦大学出版社 2022 年版。

［美］R·L. 怀尔德著：《数学概念的演变》，谢明初等译，华东师范大学出版社 2019 年版。

［美］王浩著：《从数学到哲学》，高坤等译，广西师范大学出版社 2024 年版。

［美］莫里兹编著：《数学的本性》，朱剑英编译，大连理工大学出版社 2008 年版。

［英］郑乐隽著：《数学思维》，朱思聪、张任宇译，中信出版集团 2020 年版。

［英］吉姆·艾尔-哈利利著：《科学思维的八堂课》，殷融译，中信出版集团 2022 年版。

［法］米卡埃尔·洛奈著：《万物皆数：从史前时期到人工智能跨越千年的数学之旅》，孙佳雯译，北京联合出版公司 2018 年版。

［美］齐斯·德福林著：《数学的语言：化无形为可见》，洪万生译，广西师范大学出版社 2022 年版。

［美］凯莱布·艾弗里特著：《数字起源》，鲁冬旭译，中信出版集团 2018 年版。

［美］马克·钱伯兰著：《数字乾坤》，唐璐译，湖南科学技术出版社 2020 年版。

［美］肯·施泰格利茨著：《离散的魅力：世界为何数字化》，范全林等译，人民邮电出版社 2022 年版。

［美］苏珊·赫布斯特著：《用数字说话：民意调查如何塑造美国政治》，张健译，北京大学出版社 2018 年版。

［英］基特·耶茨著：《救命的数学》，江天舒译，中信出版集团 2020 年版。

［美］弗朗西斯·苏著：《数学的力量：让我们成为更好的人》，沈吉儿等译，中信出版集团 2022 年版。

［匈牙利］阿尔弗雷德·雷尼著：《数学对话录》，陈家鼎译，北京大学出版社 2021 年版。

［美］M. 克莱因著：《西方文化中的数学》，（台湾）九章出版社 1995 年版。

［美］M. 克莱因著：《数学与知识的探求》，刘志勇译，复旦大学出版社 2005 年版。

〔美〕M.克莱因著：《数学：确定性的丧失》，李宏魁译，湖南科学技术出版社 1997 年版。

〔美〕莫里斯·克莱因著：《古今数学思想》（第 1 册），张理京等译，上海科学技术出版社 2002 年版。

〔美〕欧文·埃尔加·米勒著：《柏拉图哲学中的数学》，覃芳明译，浙江大学出版社 2017 年版。

〔美〕M.克莱因主编：《现代世界中的数学》，齐民友等译，上海教育出版社 2004 年版。

〔古希腊〕欧几里得著：《几何原本》，燕晓东编译，人民日报出版社 2005 年版。

〔美〕冯·诺依曼著：《数学在科学和社会中的作用》，程钊等编译，大连理工大学出版社 2009 年版。

〔西〕约兰达·格瓦拉、〔西〕卡尔斯·普伊格著：《丈量世界：时间、空间与数学》，孙珊珊译，中信出版集团 2021 年版。

〔美〕约翰·巴罗著：《天空中的圆周率——计数、思维及存在》，苗华建译，中国对外翻译出版公司 2000 年版。

〔美〕汤姆·齐格弗里德著：《纳什均衡与博弈论》，洪雷等译，化学工业出版社 2011 年版。

〔美〕道格拉斯·W.哈伯德著：《数据化决策》，邓洪涛译，广东人民出版社 2018 年版。

〔西〕维森斯·拖拉著：《数学与决策——数学让你做决定》，吕红艳译，中信出版集团 2020 年版。

〔美〕维克托·迈尔-舍恩伯格、肯尼斯·库克耶著：《大数据时代：生活、工作与思维的大变革》，盛杨燕等译，浙江人民出版社 2013 年版。

〔美〕EMC Education Services 著：《数据科学与大数据分析》，曹逾等译，人民邮电出版社 2016 年版。

〔荷〕玛农·奥斯特芬著：《数据的边界——隐私与个人数据保护》，曹博译，上海人民出版社 2020 年版。

［法］若-弗·马泰伊著：《毕达哥拉斯和毕达哥拉斯学派》，管震湖译，商务印书馆 1997 年版。

［英］罗布·艾利夫著：《牛顿新传》，万兆元译，译林出版社 2015 年版。

［美］I. 伯纳德·科恩著：《新物理学的诞生》，张卜天译，商务印书馆 2016 年版。

［美］爱德文·阿瑟·伯特著：《近代物理科学的形而上学基础》，徐向东译，北京大学出版社 2002 年版。

［瑞士］雷尼·卢辛格主编：《改变世界的 12 位经济学家——从亚当·斯密到斯蒂格利茨》，金天胤等译，浙江人民出版社 2011 年版。

［德］拉德布鲁赫著：《法哲学》，王朴译，法律出版社 2005 年版。

［奥］凯尔森著：《法与国家的一般理论》，沈宗灵译，中国大百科全书出版社 1996 年版。

［美］布莱克著：《法律的运作行为》，唐越、苏力译，中国政法大学出版社 1994 年版。

［英］奥斯丁著：《法理学的范围》，刘星译，中国法制出版社 2002 年版。

［美］布莱恩·比克斯等著：《法律实证主义：思想与文本》，陈锐编译，清华大学出版社 2008 年版。

［美］乔·萨托利著：《民主新论》，冯克利等译，东方出版社 1998 年版。

［美］吉姆·佩特罗、南希·佩特罗著：《冤案何以发生——导致冤假错案的八大司法迷信》，苑宁宁、陈效等译，北京大学出版社 2012 年版。

［美］道格拉斯·G. 拜尔等著：《法律的博弈分析》，严旭阳译，法律出版社 1999 年版。

［美］伊森·凯什等著：《数字正义：当纠纷解决遇见互联网科技》，赵蕾等译，法律出版社 2019 年版。

［美］马修·辛德曼著：《数字民主的迷思》，唐杰译，中国政法大学出版社 2016 年版。

［英］理查德·萨斯坎德著：《线上法院与未来司法》，何广越译，北京大学出版社 2021 年版。

［美］凯文·D. 阿什利著：《人工智能与法律解析——数字时代法律实践的新工具》，邱昭继译，商务印书馆 2020 年版。

［印］考希克·巴苏著：《信念共同体——法与经济学的新方法》，宣晓伟译，中信出版集团 2020 年版。

［荷］亨利·范·马尔赛文、格尔·范·德·唐著：《成文宪法的比较研究》，陈云生译，华夏出版社 1987 年版。

［美］步德茂著：《过失杀人、市场与道德经济》，张世明等译，社会科学文献出版社 2008 年版。

［美］罗纳德·J. 艾伦著：《司法证明的性质：作为似真推理工具的概率》，汪诸豪等译，《证据科学》2016 年第 3 期。

［美］汤姆森：《科学中的数学化》，刘定一译，《世界科学》1985 年第 8 期。

三、报刊论文

兰毅辉：《毛泽东思想公理化理论体系论纲》，《北京理工大学学报》（社会科学版）2007 年第 4 期。

郭广迪：《马克思与经济学数学化——从相传马克思的一句话谈起》，《华南师范大学学报（社会科学版）》2012 年第 4 期。

徐俊杰：《论政治经济学的公理化》，《社会科学》1986 年第 12 期。

李娜、李晟：《公理化真理论研究新进展》，《哲学动态》2014 年第 9 期。

王海明：《伦理学：可以公理化的科学》，《光明日报》2003 年 8 月 26 日，第 11 版。

叶秀山：《斯宾诺莎哲学的历史意义——再读〈伦理学〉》，《江苏行政学院学报》2001 年第 1 期。

吴国盛：《希腊思维方式与科学精神的起源》，《民主与科学》2016 年第 6 期。

徐煜、刘建民：《计量史学的过去与未来》，《光明日报》2009 年 11 月 17

日第 10 版。

杜芳琴：《明清贞节的特点及其原因》，《山西师大学报》（社会科学版）1997 年第 4 期。

阮守武：《公共选择理论的方法与研究框架》，《经济问题探索》2009 年第 11 期。

阎志鹏：《经济学专家的预测能力到底如何?》，《上海证券报》2018 年 8 月 21 日，第 8 版。

聂智琪：《政治学视角下的社会选择理论：一个前提性的梳理》，《经济社会体制比较》2007 年第 4 期。

甘筱青、李宁宁：《论语的系统分析与公理化阐述》，《系统科学学报》2013 年第 3 期。

甘筱青：《"〈论语〉的公理化诠释"的两个基础》，《九江学院学报》2011 年第 2 期。

甘筱青、曹欢荣：《文明对话语境中的〈论语〉公理化诠释》，《江西社会科学》2014 年第 12 期。

田大宪：《中国古代神秘数字的历史生成与研究路径》，《社会科学评论》2009 年第 4 期。

杨浩：《图书馆学研究与公理化方法》，《图书馆学研究》1988 年第 3 期。

欧阳维诚：《编辑学研究与数学公理化》，《编辑学刊》1990 年第 4 期。

闵珊华：《文学创作中的数学思维方法》，《中国软科学》1994 年第 12 期。

沈自强：《诺贝尔经济学奖得主的学术贡献分布：哲理、数理与技理》，《中国传媒大学学报（自然科学版）》2014 年第 6 期。

尹莉：《诺贝尔经济学奖获得者的地理分布及数学化趋势》，《西北大学学报》（自然科学版）2008 年第 2 期。

余建斌：《让计算机"看人更准"》，《人民日报》2018 年 10 月 15 日，第 20 版。

张国祚：《关于"话语权"的几点思考》，《求是》2009 年第 9 期。

风笑天：《定性研究概念与类型的探讨》，《社会科学辑刊》2017 年第 3 期。

王瀛培：《计量史学研究综述——数学统计、计算机与历史研究的结合》，《池州学院学报》2011 年第 1 期。

林展、陈志武：《土地抵押权与发展农村金融——基于历史交易合约的实证研究》，《金融论坛》2015 年第 8 期。

杜芳琴：《明清贞节的特点及其原因》，《山西师大学报》（社会科学版）1997 年第 4 期。

陈志武、何石军、林展、彭凯翔：《清代妻妾价格研究——传统社会里女性如何被用作避险资产?》，《经济学》（季刊）2019 年第 1 期。

云妍、陈志武、林展：《清代官绅家庭资产结构一般特征初探——以抄产档案为中心的研究》，《金融研究》2018 年第 2 期。

林展、陈志武、彭凯翔：《乾隆中期和道光中后期债务命案研究》，《清史研究》2016 年第 2 期。

陈志武、彭凯翔、朱礼军：《清代中国的量化评估——从命案发生率看社会变迁史》，《量化历史研究》2014 年第 1 期。

陈志武、林展、彭凯翔：《民间借贷中的暴力冲突：清代债务命案研究》，《经济研究》2014 年第 9 期。

陈志武、彭凯翔、袁为鹏：《高利贷与贫困陷阱：孰因孰果——反思民国时期农村借贷的利率问题》，《量化历史研究》2017 年第三、四合辑。

林展、陈志武：《阶级身份、互联性交易、季节性与民间借贷——基于民国时期北方农村家计调查》，《清华大学学报》（哲学社会科学版）2015 年第 5 期。

彭凯翔、陈志武、袁为鹏：《近代中国农村借贷市场的机制——基于民间文书的研究》，《经济研究》2008 年第 5 期。

徐煜、刘建民：《计量史学的过去与未来》，《光明日报》2009 年 11 月 17 日，第 10 版。

舒尚奇：《纳什的数学贡献与展望》，《渭南师范学院学报》2015 年第 22 期。

钱津：《纳什均衡的内在张力及其消解》，《深圳大学学报》（人文社会科学版）2019 年第 2 期。

阮守武：《公共选择理论的方法与研究框架》，《经济问题探索》2009 年第 11 期。

阎志鹏：《经济学专家的预测能力到底如何？》，《上海证券报》2018 年 8 月 21 日，第 8 版。

苏力：《从法学著述引证看中国法学——中国法学研究现状考察之二》，《中国法学》2003 年第 2 期。

熊谋林：《三十年中国法学研究方法回顾——基于中外顶级法学期刊引证文献的统计比较（2001—2011）》，《政法论坛》2014 年第 3 期。

程金华：《当代中国的法律实证研究》，《中国法学》2015 年第 6 期。

左卫民：《一场新的范式革命？——解读中国法律实证研究》，《清华法学》2017 年第 3 期。

陈柏峰：《法律实证研究的兴起与分化》，《中国法学》2018 年第 3 期。

赵骏：《中国法律实证研究的回归与超越》，《政法论坛》2013 年第 2 期。

李顺万：《法律完全性悖论及其解决方法》，《江西社会科学》2009 年第 9 期。

王启梁：《中国需要社科法学吗》，《光明日报》2014 年 8 月 13 日，第 16 版。

李贞元：《德沃金的法律完全性命题如何可能——从形式系统到社会系统》，《系统科学学报》2015 年第 2 期。

万绍红：《民主的路径：哥德尔不完全性定理的视界》，《阿坝师范高等专科学校学报》2005 年第 3 期。

卞建林：《立足数字正义要求，深化数字司法建设》，《北京航空航天大学学报（社会科学版）》2022 年第 2 期。

张文显：《无数字，不人权》，《北京日报》2019 年 9 月 2 日，第 15 版。

刘志强：《论"数字人权"不构成第四代人权》，《法学研究》2021 年第 1 期。

刘雁鹏：《中国人大立法透明度指数报告（2019）——以省级人大常委会网站信息公开为视角》，《人大研究》2020 年第 3 期。

王大超：《群众路线视角下的民意、民主和民生》，《光明日报》2014 年 10 月 9 日，第 16 版。

佟德志：《当代西方数字民主的导向问题》，《中国社会科学报》2021 年 12 月 24 日，第 A06 版。

屈茂辉：《基于裁判文书的法学实证研究之审视》，《现代法学》2020 年第 3 期。

白建军：《中国民众刑法偏好研究》，《中国社会科学》2017 年第 1 期。

左卫民：《地方法院庭审实质化改革实证研究》，《中国社会科学》2018 年第 6 期。

王俊：《从博弈论视角透析见义勇为的立法路径》，《广东商学院学报》2010 年第 2 期。

何远琼：《站在天平的两端——司法腐败的博弈分析》，《中外法学》2007 年第 5 期。

褚霞：《民法诚实信用原则的博弈论分析》，《东北财经大学学报》2002 年第 5 期。

杨立民：《论数字在中国古代法律制度中的意涵与功能及其现代启示》，《交大法学》2021 年第 4 期。

王福华：《程序选择的博弈分析》，《法治现代化研究》2020 年第 5 期。

彭中礼：《法律论证中的数学方法》，《政法论坛》2017 年第 5 期。

梁权赠：《用数字证明：从周文斌案的概率分析说起》，《证据科学》2015 年第 4 期。

［美］罗纳德·J. 艾伦：《司法证明的性质：作为似真推理工具的概率》，汪诸豪等译，《证据科学》2016 年第 3 期。

季卫东：《法律与概率——不确定的世界与决策风险》，《地方立法研究》2021 年第 1 期。

李一枝：《评析归纳概率推理在司法证明中的作用》，《贵州工程应用技术学院学报》2017 年第 2 期。

文盛堂：《论 DNA 证据技术及其法治功能的实现》，《国家检察官学院学报》2004 年第 5 期。

胡铭、严敏姬：《大数据视野下犯罪预测的机遇、风险与规制——以英美德"预测警务"为例》，《西南民族大学学报》（人文社会科学版）2021 年第 12 期。

吴玲：《入室盗窃近重复现象研究及其警务应用》，《湖北警官学院学报》2014 年第 8 期。

张宁、王大为：《基于风险地形建模的毒品犯罪风险评估和警务预测》，《地理科学进展》2018 年第 8 期。

陈鹏等：《风险地形建模在犯罪风险评估中的应用》，《测绘与空间地理信息》2017 年第 12 期。

郑戈：《国家治理法治化语境中的精准治理》，《人民论坛·学术前沿》2018 年第 10 期。

张虎等：《基于法律裁判文书的法律判决预测》，《大数据》2021 年第 5 期。

李忠好、姜浩：《安徽研发类案指引项目并试用》，《人民法院报》2016 年 6 月 21 日，第 1 版。

刘磊：《通过类案比较实现"类案同判"——以司法场域分析为视角》，《地方立法研究》2022 年第 2 期。

张浩：《大数据与法律思维的转变——基于相关性分析的视角》，《北方法学》2015 年第 5 期。

任寰、魏衍亮：《国外数据库立法与案例之评析》，《知识产权》2003 年第 2 期。

孙远钊：《论数据相关的权利保护和问题——美国与欧盟相关规制的梳理与比较》，《知识产权研究》2021 年第 1 期。

刘星：《描述性的法律概念和解释性的法律概念——哈特和德沃金的法律概念理论之争》，《中外法学》1992 年第 4 期。

王冠：《西方犯罪学理论百年嬗变脉络梳理》，《中州学刊》2006 年第 1 期。

屈茂辉、匡凯：《计量法学的学科发展史研究》，《求是学刊》2014 年第 5 期。

陈志武、林展、彭凯翔：《清代命盗重案的统计特征初探——基于 10.6 万件案件的分析》，《新史学》2020 年第 1 期。

郭松义：《从赘婿地位看入赘婚的家庭关系——以清代为例》，《清史研究》2002 年第 4 期。

郭松义：《清代 403 宗民刑案例中的私通行为考察》，《历史研究》2000 年第 3 期。

高松：《清代刑案资料在社会生活史研究中的价值——以乞丐案件为例》，《学习与探索》2016 年第 3 期。

黄心瑜：《奸情犯罪女性的形象塑造——以〈资政新书〉37 例判词为中心》，《南京大学法律评论》秋季卷。

夏静：《从命案率看清代社会经济变迁对暴力冲突的影响》，《量化历史研究》2017 年第三、四合辑。

赖惠敏：《情欲与刑罚：清前期犯奸案件的历史解读（1644—1795）》，《中西法律传统》2008 年第 1 期。

江桥：《乾隆朝民人死刑案件的初步统计与分析》，《满学研究》第 3 辑（1996 年）。

胡旭晟：《描述性的法史学与解释性的法史学》，《法律科学》1998 年第 6 期。

李金铮：《释"高利贷"：基于中国近代乡村之考察》，《社会科学战线》2016 年第 9 期。

四、学位论文

金小鹏：《论法与利益博弈、利益衡量》，中国人民大学法学博士论文，2009 年。

杨悦：《大数据的权利保护与竞争行为规制》，浙江工商大学硕士论文，2020 年。

五、网络文献

《胡锦涛通过人民网与网友在线交流（实录）》，搜狐网，http：//news. sohu. com/20080620/n257627236. shtml。

周良书：《马克思为〈资本论〉耗尽一生心力》，央广网，https：//baijia-hao. baidu. com/s？id=1599136745586644791&wfr=spider&for=pc。

梁晓辉：《走过 2019，中国立法机关更加开放透明》，新浪网，https：//news. sina. com. cn/o/2019～12～29/doc～iihnzhfz9046214. shtml。

蔡长春：《准确把握时代特征提高社会治理智能化水平》，中国法院网，https：//www. chinacourt. org/article/detail/2017/09/id/3009399. shtml。

徐冠英：《推动公共服务高效化、社会治理精准化——数字赋能，让生活更美好》，潇湘晨报网，https：//baijiahao. baidu. com/s？id = 1735114288102407459&wfr = spider&for＝pc。

邵建：《何谓"第四代人权"？》，搜狐网，http：//news. sohu. com/20061125/n246609360. shtm。

《中国裁判文书网：司法公开的"亿"道亮丽风景》，中国法院网，ht-tps：//www. chinacourt. org/article/detail/2021/02/id/5821367. shtml。

薄晨棣、李楠楠：《最高法：中国的司法公开已走在世界前列》，人民网，http：//cpc. people. com. cn/n1/2022/0422/c64387～32406053. html。

卞宜良：《大数据思维变革对司法裁判的启示》，中国社会科学网，http：//ex. cssn. cn/fx/201904/t20190430_ 4873135. shtml。

《央行就〈中国人民银行法〉（修订草案征求意见稿）公开征求意见》，新浪财经，https：//finance. sina. com. cn/china/bwdt/2020～10～23/doc～iizn-ezxr7713575. shtml，2022 年。

关俏俏、林光耀：《中国数字经济规模达 39. 2 万亿元》，中国政府网，http：//www. gov. cn/xinwen/2021～09/26/content_ 5639469. htm。

《无序状态是电商高速发展的一个阶段》，东方财富网，https：//

finance. eastmoney. com/a2/20130911321932471. html。

《电商"双十一"成绩单：天猫交易额 5403 亿元、京东 3491 亿元》，证券之星网，https：//finance. stockstar. com/IG2021111200005473. shtml。

百度百科"章莹颖"辞条，https：//baike. baidu. com/item/%E7%AB%A0%E8%8E%B9%E9%A2%96/20848257？fr=aladdin。

《论文涉嫌抄袭，德国部长在调查结果出炉前主动请辞》，环球网，https：//baijiahao. baidu. com/s？id=1700225384035995941&wfr=spider&for=pc。

《首家互联网预测平台在我国诞生》，搜狐网，https：//www. sohu. com/a/163630737_ 188550。

《我国网民规模达 10. 51 亿》，北京青年网，http：//news. ynet. com/2022/09/09/3515385t70. html。

何舟：《〈纸牌屋〉的轰动效应与 Netflix：大数据的背后》，凤凰网，http：//phtv. ifeng. com/a/20150521/41087362_ 1. shtml。

《中国数据产生量占比约 23%2022 年全球大数据储量分析》，网易网，https：//www. 163. com/dy/article/H0TNATJU051481OF. html。

张璁：《大数据，倒逼政务公开升级数据开放是趋势》，中国政府网，http：//www. gov. cn/xinwen/2015～11/18/content_ 2967402. htm。

《南昌大学原校长周文斌受审用概率论质疑证据》，腾讯新闻，https：//news. qq. com/a/20150123/001151. htm。

黄洁：《北京怀柔犯罪趋势预测系统指导警务》，民主与法制网，http：//www. mzyfz. com/cms/pinganzhongguo/anbaowenti/pinganbobao/html/893/2014 ～06～17/content～1050587. html。

《神！苏州园区唯亭派出所犯罪预测系统能"算"嫌疑人何时露头》，我苏网，http：//www. ourjiangsu. com/a/20171104/150979466876. shtml。

孙莹：《一史馆开放 10 万件清内阁刑科题本档案》，中国档案资讯网，http：//www. zgdazxw. com. cn/news/2020～01～07/content_ 300838. htm。

六、外文文献

I · B · Cohen, ed, The Sciences and the Social Sciences, New York: Norton, Norton and Co, 1985.

S. Westfall, The Construction of Modem Science Mechanisms and Mechanics, Cammbridge University Press, 1977.

Hugh G · Gauch, Jr, Scientific Method in Practice, The pitt Building, Trumoington Street, Cambridge, United Kingdom, 2003.

James E · McClellan III and Harold Dom, Science and Technology in World History: An Introduction. The Johns Hopkins University Press, 1999.

Joel B. Grossman, Social Backgrounds and Judicial Decision – Making, an article from the Symposium: Social Science Approaches to the Judicial Process, in Harvard Law Review, 1966, Vol. 79.

E. Bodenheimer, Jurisprudence, Harvard University Press, 1974.

Charles Taylor, Rationality, in Rationality and Relativism, Basil Blackwell, 1992.

J. Habermas, The Theory of Communicative Action, vol. 2, Boston : Beacon Press, Reprition edition, 1985.

J. H. Wigmore, A Panorama of the World's Legal Systems. Saint Paul : West Pub. Co. , c1928.

Aurelius Augustinus, The city of God against the pagans, Cambridge University Press, 1998.

Frederick Copleston, S. J. A History of Philosophy Volume2, Mediaeval Philosophy, from Augustinus to Duns Scotus, Image Books edition 1993.

Thomas Aquinas. Summa Theologiae. Translated by Fathers of the English Dominican Province. Texas: Christian Classics Ethereal Library, 1981.

后　记

这本书可以说是《法律文化的数学解释》一书的续集。《法律文化的数学解释》主要是从数学哲学、数学文化角度解释法律文化的一些观念、制度和原则是如何产生和发展的。这本书则论证法学是如何在数学影响下进一步科学化的。

数学是理性的化身，是理性的代名词，是自然科学和社会科学走向科学的强大牵引力。近现代科学的主导因素是数学化。近现代科学是在数学的影响下发展的，数学化从本质上规定着近现代科学。因此，一门学科数学化程度是否高，决定这门学科科学化程度是否高。被称为"科学"的法学，它的发展和进步是离不开数学的；法学研究同样离不开数学，本书对于实证主义法学从数学角度进行解读就是例证。法学只有广泛采用数学方法，才能向更加科学的方向发展；法学研究也只有广泛采用数学方法，才会发现以往没有发现的问题，使法学研究走向深入。

20多年前，本人开始撰写《法律文化的数学解释》一书。那时，采用数学方法研究法学问题的学者非常少。时过境迁，如今采用数学方法研究法学问题的学者如此之多，当初确实没有想到来得这么快。尤其是研究人工智能对法律的影响问题（人工智能从学科划分上属于数学的分支），已成为法学研究的一大热点；不但法理学进行研究，而且宪法、刑法、民商法、经济法、行政法、诉讼法等部门法学也进行研究。一些法学大家也把关注的目光投向该领域，发表了大量的学术论著。

本书是国家社科基金项目"数学与法律的科学化问题研究"的最终成果。希望本人以后能从数学文化角度对法学进行更深入的研究，继续写出这方面的法学专著，给法学界贡献绵薄之力。

最后，感谢本书责任编辑李怀德兄！怀德兄从事编辑工作数十年，编辑了大量高质量的法学著作，尤以"法理文库"享誉法学界。明年怀德兄就要退休了，在此表示深深的致意！

何柏生

2024 年 12 月 16 日